초판 1쇄 인쇄 2014년 1월 27일
초판 1쇄 발행 2014년 2월 3일

지은이 정완상
글 안치현
그림 VOID

발행인 장상진
발행처 경향미디어
등록번호 제313-2002-477호
등록일자 2002년 1월 31일

주소 서울시 영등포구 양평동 2가 37-1번지 동아프라임밸리 507-508호
전화 1644-5613 | **팩스** 02) 304-5613

ⓒ 정완상
　ISBN 978-89-6518-090-6 63410
　　　 978-89-6518-089-0(set)

· 값은 표지에 있습니다.
· 파본은 구입하신 서점에서 바꿔드립니다.

경향에듀는 경향미디어의 자녀교육 전문 브랜드입니다.

수학의 개념과 원리를 깨우치는 신개념 수학 교과서

몬스터 마법수학

해골 대왕의 저주 上

세자리수 덧셈 뺄셈 | 나눗셈

저자 정완상 글 안치현 그림 VOID

경향에듀

추천사

놀면서 공부하는 수학 책, 〈몬스터 마법수학〉

저는 〈몬스터 마법수학〉을 읽고 정말 반가웠습니다. 드디어 제가 바라던 책이 나왔기 때문입니다. 이 책에 대한 학생들의 반응이 궁금하여 완성된 원고를 반 학생들에게 읽어주었습니다. 초등학교 2학년에게는 수준이 높은 것 같아 몇 장만 재미삼아 읽어주려고 했는데, 학생들의 아우성으로 전 장을 모두 읽어야 했습니다. 초등학교 3학년 학습 내용을 담고 있지만 흥미진진한 스토리와 입체적인 등장인물 덕분에 2학년 학생들도 〈몬스터 마법수학〉에 푹 빠질 수 있었습니다.

〈몬스터 마법수학〉은 평범한 주인공들이 모험을 떠나면서 겪는 이야기입니다. 이 모험담 속에는 수학적 지식을 비롯하여 역사와 과학, 미술, 문화 등 다양한 분야의 지식이 담겨 있습니다. 지식을 스토리 속에 재미있게 잘 녹였기 때문에 학생들은 판타지 세계에 들어와 모험을 하는 기분으로 수학을 학습할 수 있습니다.

또 이 책이 흥미로운 점은 인성교육을 고려했다는 점입니다. 주인공들이 겪는 상황, 그리고 그것을 수학적으로 해결하는 과정을 통해 상황판단능력과 창의성도 기를 수 있습니다. 평범하고 나약했던 주인공들이 좌충우돌 모험을 통해 성장해가는 모습은 책을 읽는 학생들에게 성취감을 주고, 도전과 인내의 중요성을 깨닫게 해줍니다.

'2009년 개정 교육과정'에서는 수학에 스토리텔링을 도입하여 맥락이 있는 수학을 강조합니다. 수학에 대한 학생들의 관심을 높이고, 문제 해결 과정을 위한 창의성을 기르기 위해서입니다. 〈몬스터 마법수학〉은 모험이라는 설정 아래 수학, 역사, 과학, 문화, 예술 등에 대한 지식이 학생들에게 자연스럽게 스며들도록 집필되었기 때문에 개정 교육과정이 요구하는 수학 학습법을 그대로 반영하고 있습니다. 새 시대가 요구하는 교육 방법을 완벽하게 다루고 있는 〈몬스터 마법수학〉을 적극 추천합니다.

몬스터 마법수학 기획위원
논산중앙초등학교 교사, 작가 이운영

추천사

아이들이 수학을 좋아하게 만드는 책이 없을까?

수학은 저에게도 늘 쉽지 않은 과목 중 하나였습니다. 다양한 수학 만화나 학습지들을 만났었지만 결국 계산과 공식으로 이어지는 수학 문제를 마주할 때면 책을 덮고 싶을 때가 많았지요. 지금의 학생들 역시 어릴 적과 크게 다르지 않을 것이라 생각합니다.

〈몬스터 마법수학〉은 문제 풀이 방식의 반복적인 구성을 버리고 반올림과 친구들이 마법의 유령선을 타고 수학을 배우며 모험을 떠나는 스토리텔링을 통해 초등학교 수학 교육과정에서 다루는 1년 단위의 수학 개념과 원리를 학생들이 재미있게 배울 수 있도록 한 책입니다.

이 책이 만들어지는 과정과 완성된 책을 보면서 이렇게 재미있는 책이 내가 어렸을 때에도 있었다면 나도 더 재미있게 수학을 공부할 수 있지 않았을까? 하는 생각이 들었습니다. 유령선을 타고 모험을 떠나 주인공들과 함께 수학 문제를 고민하고 생각해 보는 과정에서 우리는 수학에 대해 더 관심을 갖고 즐거움을 느끼게 됩니다. 기본 내용을 모두 배운 뒤 도전할 수 있도록 제시된 '수학 추리 극장'은 더욱더 배움에 대한 재미를 느끼게 합니다.

〈몬스터 마법수학〉은 초등학생 눈높이에 맞는, 아이들이 재미있어 하는 판타지 동화입니다. 해당 학년의 수학 원리와 개념을 친절하게 설명하고 있고 학습 내용면에서 학교 교육과정을 충실히 반영하고 있습니다. 또한 실생활에서 고민할 수 있는 내용을 재미있는 이야기로 들려주는 형식은 수학 문제 앞에서 늘 골머리를 앓아온 아이들에게 수학에 대한 관심과 호기심을 키워줄 거라 생각됩니다.

〈몬스터 마법수학〉을 통해 수학을 어려워하는 아이들은 행복한 배움을 경험하고, 이미 수학을 좋아하는 학생들도 주인공 반올림과 친구들의 대화를 통해 수학에 대한 깊이 있는 이해와 사고과정을 경험할 수 있었으면 좋겠습니다. 이 책을 통해 미래의 수학자들이 더욱더 행복한 배움을 경험할 수 있기를 바랍니다.

몬스터 마법수학 기획위원
여의도초등학교 교사 정예솔

머리말

초등 수학! 어떻게 하면 완전 정복할 수 있을까요?

흔히들 기본에 충실하면 된다고들 말하지요. 계산 문제에만 열을 올리고 있다가 처음 문장제(문장으로 기술된 수학 문제)를 접하게 되면 초등학생들은 어떻게 식을 세워야 할지 몰라 난감한 표정을 짓게 됩니다.

그래서 이번 시리즈를 준비해 보았습니다. 초등 수학의 대표적인 유형을 아우르는 재미있는 동화를 써 보는 것이 이번 기획이었지요. 이번 기획에서는 세 명의 전문가가 힘을 모았습니다. 스토리 작가와 수학 콘텐츠 작가와 삽화 작가 세 사람이 재미있는 책을 만들기 위해 서로의 장점을 모았습니다.

최근 스마트 폰의 열풍으로 아이들이 스마트 폰의 게임이나 채팅에 너무 많은 시간을 빼앗겨 수학 공부에 재미를 붙이기가 쉽지 않습니다. 교과서가 과거보다는 많이 나아졌지만 아이들의 흥미를 유발하기에는 아직 부족한 점이 많다는 생각에 이 책이 기획되었습니다. 이 책은 아이들이 마치 게임을 하듯이 술술 읽어 내려가면서 저절로 수학의 개념을 깨우치도록 하는 데 목적을 두었습니다.

이 책은 최근 아이들이 좋아하는 판타지 동화 형식으로 쓰여 있어서 반올림과 친구들이 수학 모험을 즐기는 모습에 아이들은 마치 자신도 일행이 된 것처럼 생생한 모험을 간접 경험할 수 있으리라 생각합니다. 상권에서는 반올림과 친구들이 여행을 떠난 계기와 유령선의 만남이 이루어집니다.

이 책을 통해서 수학이 어렵지 않고 재미있다는 것을 이해하게 되면 아이들의 수학 성적은 쑥쑥 올라갈 것이라고 믿습니다. 이 책을 통해 아이들이 동화의 세계와 수학 공부가 따로 존재하는 것이 아니라 공존할 수 있다는 것을 알게 되었으면 합니다. 또한 스토리텔링을 이용한 수학 공부를 통해 아이들이 수학에 점점 흥미를 가지게 되어 오일러나 가우스와 같은 훌륭한 수학자가 탄생하기를 기원해 봅니다.

끝으로 이 책이 나올 수 있도록 함께 고민한 경향미디어 사장님과 경향미디어 편집부에 감사의 말을 전합니다.

국립 경상대학교 물리학과 교수 정완상

목차

상편
갑자기 나타난 몬스터 유령선과 수의 세상

- **1장** | 수학 모험을 떠나게 된 반올림 일행 … 22
- **2장** | 안개 속에 휩싸인 불가사의한 유령선 … 40
- 와구와구 수학 랜드 1 … 64
- 수학 추리 극장 1 … 68

유령선 안에 펼쳐진 몬스터 마법 학교

- **3장** | 유령선 안으로 들어가다 … 76
- **4장** | 몬스터 학교에 가입하다 … 92
- 와구와구 수학 랜드 2 … 104
- 수학 추리 극장 2 … 106

해골 대왕과의 곱셈과 나눗셈 시합

5장 | 숫자벨 여사와 해골 대왕 … 112
6장 | 유령선의 정체는 무엇일까? … 128
와구와구 수학 랜드 3 … 148
수학 추리 극장 3 … 152

하권

해골 대왕의 저주와 도형 옮기기

1장 | 유령선에서 쫓겨난 반올림 일행
2장 | 공포의 스켈레톤
와구와구 수학 랜드 1
수학 추리 극장 1

황제야 네 분수를 알아라!

3장 | 로마로 날아간 반올림 일행
4장 | 황제와의 분수 대결
와구와구 수학 랜드 2
수학 추리 극장 2

등장인물

반올림

초등학교 6학년으로 평소에는 덤벙거리지만 한번 문제에 맞닥뜨리면 엄청난 집중력과 응용력을 발휘한다. 임기응변과 순발력이 좋다. 아름이, 일원이와는 유치원 삼총사다. 어렸을 적부터 천부적인 수학적 재능을 가지고 있었으며 장래희망은 세계적인 수학자이다.
담임 선생님으로부터 방학이 끝나면 국제 수학 올림피아드 대회에 참가할 팀을 선발한다는 소식을 접한다. 단, 세 명 이상으로 구성된 팀이어야 한다는 조건이 있다. 삼총사 중 한 명인 아름이의 삼촌이자 수학 대가인 피타고레 박사님을 찾아가 함께 지내며 방학 동안 수학을 완벽히 마스터하기로 결심한다.

아름

반올림과 같은 반의 반장으로 반올림의 단짝이다. 새침하고 도도하며 공주병 증상이 있다. 속으로 반올림을 좋아하고 있지만 겉으로는 관심 없는 척한다. 수학을 제외한 모든 과목에서는 전교 1등을 놓친 적이 없다. 국제 초등학생 미술 대회와 피아노 콩쿠르에 나가서 우승을 차지할 정도로 예능에도 대단한 실력을 가지고 있다. 자신의 콤플렉스인 수학 성적을 올리기 위해 반올림과 한 팀이 되어 수학 올림피아드 대회에 참가하기로 마음먹는다.

일원

반올림과 같은 반이며 단짝이다. 뚱뚱하고 큰 덩치를 가지고 있다. 먹는 것이라면 자다가도 벌떡 일어나고 배가 고프면 항상 반올림을 귀찮게 조른다. 집중력이 부족하고 공부 자체에 대한 열의가 없지만 방학이 시작되자마자 반올림, 아름이와 함께 놀기 위해서 억지로 섬에 따라가게 되었다.

야무진

부유한 모기업 회장님의 아들로 자칭 타칭 얼리어답터이다. 최신형 스마트 폰과 최신형 스마트 패드를 지니고 최신형 롤러 신발을 신고 있다. 과학에서만큼은 누구에게도 지지 않는다. 다만 수학은 반올림에게 뒤진다는 생각에 반올림에게 라이벌 의식을 가지고 있다. 아름이를 좋아하여 늘 반올림보다 멋져 보이려고 노력한다. 유난히 깔끔한 척을 하며 벌레와 파충류를 무서워하는 약점이 있다.

피타고레 박사

수학계의 거장이다. 덩치도 거대하고 자칭 고대 천재 수학자 피타고라스의 후예라고 지칭한다. 그래서 자신의 별명 또한 피타고레로 지었다. 어린이 수학 기초력 향상을 위해서 무인도에 연구소를 차려 놓고 운영 중이다. 순수하면서도 괴짜인 수학 박사로, 자신의 수학적 지식을 친구로부터 선물 받은 알셈이라는 로봇의 전자두뇌에 입력했다.

알셈

피타고레 삼촌이 친구에게 선물로 받은 로봇으로, 피타고레의 조수 역할을 한다. 박사와 함께 수학을 연구하는 땅딸보 로봇(키 60cm) 알셈은 인간에게 무척 얄밉고 거만하게 구는 면이 있다. 하지만 위기가 닥치면 로봇다운 힘을 발휘하기도 한다.

유령선 · 미카엘

원래는 수학을 지키는 천사 미카엘이었으나 죄를 짓고 벌을 받아 유령선이 되어 지구에 떨어졌다. 벌을 면제받으려면 세 명 이상의 인간에게 완벽하게 수학을 알려 주어야 한다. 반올림 일행에게 마법의 아이템을 주고 퀘스트를 통해 그 아이템들을 성장시켜 주면서 일행을 돕는다.

루시퍼

한때 신으로부터 가장 많은 사랑을 받았으며 천사들 중에서 가장 아름답고 큰 힘을 선물로 받은 천사였다. 하지만 신을 배신하고 반란을 일으켰다가 처참하게 패배하여 지구로 떨어졌다. 자신을 최고의 천사에서 악마로 만든 신을 항상 원망한다. 숫자의 세계를 싫어하여 유령선이 다시 숫자의 천사로 돌아가려는 것을 악착같이 방해한다. 온갖 흑마법을 구사할 수 있어 지상에서는 대적할 자가 없을 정도이다. 언제나 냉정하고 잔인한 미소를 띠고 있다.

숫자벨 여사

몬스터 유령선 안에 있는 마법 학교의 원장이다. 미카엘이 과거 천사로 있을 때 그의 조수 역할을 했던 하급 천사였다. 그러다 미카엘이 죄를 짓고 벌을 받아 지구로 떨어질 때 같이 떨어졌다. 그녀는 유령선의 보조 역할을 하고 있으며 유령선이 태우고 있는 몬스터들과 유령선에 타는 인간들에게 수를 알려주는 것이 주된 임무이다.

해골 대장

숫자벨 여사가 데리고 있는 몬스터들의 대장이다. 숫자벨 여사가 수학에 최고의 열정을 보인 몬스터들 중에서 특별히 조수로 뽑았다. 하지만 수천 년 수학 공부를 한 것에 비해 수학 실력은 형편없다. 겉으로는 무서운 척하지만 속은 선량하고 누구보다 인정이 많다. 무슨 일만 벌어지면 숫자벨 여사에게 달려가 고자질을 한다.

프롤로그

　수학의 신은 우주를 만들면서 두 부류의 천사들도 만들었다. 첫 번째 부류는 자신을 도와 훌륭하고 완벽한 수학을 만들어 내는 미카엘을 중심으로 하는 천사들이었고, 두 번째 부류는 그 수학 지식들을 인간들에게 전파하는 루시퍼를 중심으로 하는 천사들이었다.

　신은 미카엘과 루시퍼를 좋아하여 그 둘에게는 아름다운 외모와 강력한 수학의 힘을 갖도록 만들어 주었다. 그중 종종 인간계에 내려가 수학을 전파하는 루시퍼는 인간들로부터 많은 지지를 받아 수학의 신과 동등한 취급을 받고 있었다. 그러자 점점 오만해진 루시퍼는 급기야 자신이 수학의 신을 물리치고 가장 높은 자리에 오르려 했다.

　하지만 수학의 신의 강력한 힘에 대항해 혼자 싸울 수는 없다고 생각하고 자신처럼 강한 힘을 가진 미카엘에게 다가가 함께 신을 배신하자며 꼬드겼다. 미카엘은 단박에 거

절했지만 루시퍼와의 우정을 생각해 신에게 그 사실을 말하지는 않았다.

　신은 이 사실을 모두 알고 있었고, 크게 분노하여 자신을 배신하려 한 천사 루시퍼와 그 사실을 알고도 말하지 않은 미카엘을 무시무시한 괴물의 모습으로 바꾼 뒤 지구로 추방시켰다. 추방되면서 미카엘은 바다를 떠도는 유령선의 모습이 되어 버렸고, 루시퍼는 어둠 속에서 숨어 지내는 악마의 모습이 되어 버렸다.

　오랜 세월이 지나자 수학의 신은 루시퍼는 몰라도 미카엘은 용서해 주기로 했다. 하지만 그 전에 원래 루시퍼가 해 왔던 인간들에게 수학을 전파하는 능력을 미카엘이 대신 해낼 수 있을지 시험해 보기로 했다. 그리하여 수학의 신은 미카엘에게 인간 세 명에게 수학을 완벽하게 가르친다면 다시 수학의 신과 천사들이 사는 세계로 돌아오게 해주겠다고 약속했다. 이 소식을 들은 루시퍼는 크게 분노하여 자신을 따르는 악마들과 함께 미카엘이 인간들에게 수학을 가르치는 것을 방해하기 시작한다.

수학왕 반올림과 함께 배워요!

- 일부터 백 단위, 천 단위, 만 단위 수 세어 보고 쓰기
- 10, 100, 1000, 10000의 크기 비교
- 수와 숫자의 차이
- 수를 거꾸로 규칙적으로 세어 보기

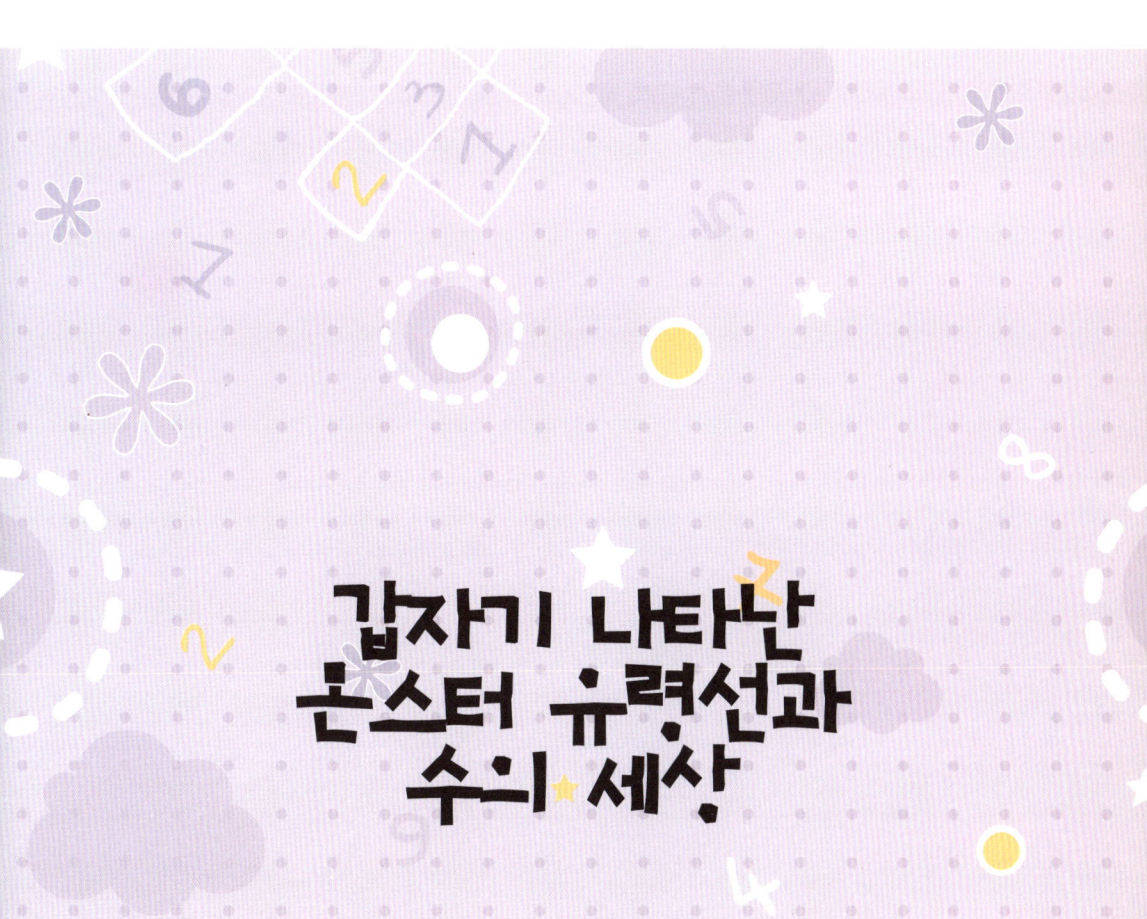

정완상 선생님의 **수학교실**

내 이름은 반올림이다. 이런 말을 내 입으로 하고 싶진 않지만 난 정말 수학을 좋아한다. 너무 수학을 좋아한 나머지 서점에서 하루 종일 수학 책을 읽다가 점원에게 쫓겨난 적도 있다. 서점에서 수학 책을 읽은 지 일주일째 되던 날이었다.

"이 녀석아! 맨날 서서 읽지만 말고 좀 사서 봐라!"

"죄송합니다. 여기까지만 읽을게요."

다른 과목은 몰라도 수학만큼은 전교에서 늘 1등이었고, 어린이 수학 경시 대회쯤은 우습게 우승하곤 했다. 나에겐 뭔가 더 흥미롭고 재미있는 수학 공부가 필요했다. 이만큼이나 수학을 좋아하는 나는 방학이 시작되기 직전, 담임 선생님으로부터 굉장한 소식을 들었다.

"방학이 끝나면 국제 수학 올림피아드 대회가 있으니까 자신 있는 학생들은 세 명 이상으로 구성된 팀을 만들어서 참가해 보렴. 대회에서 3등 안에만 들어도 대학교까지 장학금을 지급하고, 수학 유학도 보내 준다고 하더라!"

나는 군침을 꼴까닥 삼켰다. 하지만 문제가 있었다. 혼자 출전

하는 게 아니라 세 명 이상으로 팀을 구성해야 한다. 이 말은 두 명 이상의 친구가 있어야 올림피아드 대회에 참석할 수 있다는 건데……. 물론 절대로 내가 인기가 없고, 친구가 없어서 '문제'라고 하는 건 아니다.

내겐 단짝인 아름이와 일원이가 있다. 반장인 아름이는 수학을 제외한 다른 공부는 잘하는 편이어서 조금만 공부하면 될 것 같았다. 하지만 일원이는 수학의 수 자만 들어도 온몸에 닭살이 돋는 친구였다. 아이스크림을 살 때조차 수를 세는 게 싫어서 세 명이서 먹을 건데 열 개나 사온 적도 있었다. 일원이가 워낙 잘 먹어서 남은 아이스크림은 하나도 없었지만…….

"우리 셋이 방학 동안 수학을 완전히 정복할 묘수가 없을까?"

나는 일원이와 아름이를 불러 말했다.

"모처럼의 여름 방학인데 수학 공부나 하자는 말이야?"

예상대로 일원이는 시큰둥한 반응이었다. 그때 아름이가 뜻밖의 제안을 했다.

"실은 우리 삼촌이 유명한 수학 박사님이셔. 우리 방학 동안 삼촌이 계신 섬으로 가서 수학을 공부하는 건 어때? 거기는 무인도니까 수학 공부도 하면서 재미있게 놀 수도 있을 거야."

여기서 아름이가 말한 삼촌은 바로 피타고레 박사님이란 분이다. 아름이 말로는 피타고레 박사님은 무인도에 연구소를 차려 수학 연구에 수년간 몰두하고 계시단다. 무인도에 수학 연구소를 차렸다는 사실이 좀 이상했지만 뭐, 원래 천재들은 하나같이 괴짜니까. 그럼 피타고레 박사님은 천재?!

수학 공부에 관심 없는 일원이도 무인도에서 논다는 생각에 크게 기뻐하는 것 같았다. 좋았어! 수학 박사님께 직접 수학 교육을 받으면 올림피아드 우승 같은 건 식은 죽 먹기겠지!

방학이 시작되자마자 우리 셋은 모두 짐을 꾸려 피타고레 박사님이 계신 무인도로 떠날 채비를 했다. 그런데 이 무인도행이 생각지도 못한 거대한 음모와 무시무시한 모험으로 연결될 줄이야……. 무슨 이야기인지 궁금하다고? 지금부터 자세히 들려줄 테니 한눈팔지 말기 바란다.

오늘은 단짝 아름이, 일원이와 함께 수학 박사인 피타고레 박사님이 계신 무인도로 떠나는 날이다. 아름이 말로는 박사님에게는 알고 지내는 훌륭한 과학자들이 많은데 그들 중 한 명이 혼자 지내는 박사님이 지내기 편하라고 수학 로봇을 선물했다고 한다. 박사님은 로봇의 이름을 '알셈'이라고 짓고 로봇의 두뇌에 자신의 수학 지식을 전부 입력시키고 있는 중이란다. 대용량 메모장 겸용이라나?

우리 셋은 항구로 가는 동안 섬에서 일어날 재미난 일들을 상상했다. 특히 일원이는 배낭에 맛있는 빵과 과자와 음료수를 넣어 왔기 때문에 섬에서도 먹을 수 있을 것이라며 좋아했다.

그런데 막상 항구에 도착하자 배가 한 척도 없는 것이었다. 언젠가는 배가 오겠지 하며 기다린 게 벌써 한 시간이 넘었다. 다리가 아프고, 팔도 쑤셨다. 전국에 계신 할아버지와 할머니들이 내 말을 들으면 어린 것이 건방지다고 할지 모르지만 정말 무릎이 시리고 아팠다. 팔과 어깨도 뻑적지근하고……. 어깨를 주무르고 있는데 지나가던 할아버지 한 분과 눈이 마주쳤다.

"너희들 지금 수학 박사 피타고레를 만나러 가는 중이냐?"

나는 깜짝 놀랐다. 도대체 어떻게 알았을까?

"네."

"껄껄껄. 너희들이 10000까지의 수를 셀 수 있을지 모르겠구나."

"?"

난데없이 10000까지의 수라니? 이상한 할아버지였다. 그보다 우리가 피타고레 박사님을 만나러 간다는 사실은 어떻게 아셨을까?

"너희가 갖고 있는 해골 목걸이, 팔찌, 헤드셋을 몸에서 빼지 마라. 그게 너희를 더 강하게 만들어 줄 테니까."

그러고 보니 나는 해골 목걸이를, 아름이는 팔찌를, 일원이는 헤드셋을 지니고 있긴 했다. 하지만 이때만 해도 장난삼아 어린 아이들을 놀리는 짓궂은 할아버지 정도로 여겼다. 한참 후에야 할아버지의 정체를 알고 얼마나 놀랐는지 모른다.

할아버지의 모습이 점점 멀어져 점처럼 작게 보일 즈음 뜻밖의 인물이 나타났다. 바로 야무진이었다.

"야무진? 네가 어떻게 여기에?"

놀라서 내가 물으니까 녀석은 퉁명스럽게 말했다.

"아름이가 걱정돼서 왔다!"

"하도 오고 싶다고 하기에 내가 초대했어."

아름이의 말에 나는 할 말을 잃고 말았다. 야무진은 우리 반에서 가장 잘사는 집 아들로, 과학 성적은 전교 1등이지만 수학 성적은 그 반대인 녀석이다. 야무진이 아름이를 좋아하는 것은 잘 알고 있었다. 수학 외에는 관심 없는 나도 느낄 정도로 공공연히 좋아하는 티를 냈기 때문이다. 그렇다고 여기까지 쫓아올 줄은 정말 몰랐다.

녀석은 언제나처럼 온몸에 최신 스마트 장비들을 두르고 있었다. 일단 팔 한쪽에는 밴드로 고정한 최신형 삼동 스마트 폰이 있었고, 손에는 아이퐁 스마트 패드를 들고 있었다. 나름 외국인처럼 보이고 싶었는지 머리는 노랗게 염색했고, 멀쩡한 청바지는 죽죽 찢어서 입고 있었으며, 신발 대신 롤러 블레이드를 신고 있었다.

'끔찍한 패션이군. 무인도에 가는데 저렇게 입고 오고 싶을까?'

고개를 절레절레 흔들던 그때 요란한 소리를 내며 한 척의 배가 항구로 들어오고 있었다. 우리는 항구로 들어오는 정체불명의 배를 보고 입을 대문짝만 하게 벌렸다.

"헉! 저게 배야?"

배는 꽤 크긴 했지만 여기저기 찌그러져 있었다. 선체의 군데군데에는 구멍을 대충 막아 놓은 테이프의 흔적이 셀 수 없이 많았다. 당장 침몰하지 않는 게 용해 보였다.

뱃머리에는 아무렇게나 솟은 머리에 지저분한 턱수염이 있는 남자가 볼록 튀어나온 배에 손을 얹은 채 서 있었다. 입고 있는 하얀 가운은 깨끗하긴 했지만 낡아서 해어져 있었다. 범상치 않은 기운을 내뿜는 그 남자를 아름이가 "삼촌!"이라고 부르는 것으로 보아 피타고레 박사님이 확실했다. 나는 '저 분이 도대체 무슨 말을 할까?' 싶어 귀를 기울였다. 피타고레 박사님은 밝은 얼굴로 당당하게 외쳤다.

"자, 나의 사랑하는 조카와 처음 보는 친구들! 어서 배에 오르거라."

내가 아름이의 손을 잡고 같이 배 위에 오르자 야무진이 얼른 아름이의 반대편 손을 잡고 같이 올랐다. 뒤이어 몸이 거대한 일원이가 배에 올랐는지 배가 한쪽으로 기운 느낌이 들었다. 모두 배에 오르자 피타고레 박사는 무인도로 배를 출발시켰다. 여전히 일원이가 있는 쪽으로 기운 배는 당장이라도 침몰할 것 같이 위태로웠다. 심지어 검은 연기까지

마구 뿜어내며 힘겹게 바다 위를 가로질렀다. 어느 정도 파도가 있기는 했지만 배가 앞으로 나가는 것 같다는 느낌이 전혀 들지 않았다. 파도에 밀려 제자리에서 왔다 갔다 하는 느낌이랄까?

배의 갑판에 오른 우리는 말로만 들었던 '알셈'이라는 로봇을 만났다. 로봇을 이렇게 직접 보게 되다니! 알셈은 전체적으로 둥글둥글 짜리몽땅했고, 작은 카메라가 달린 얼굴을 돌릴 땐 끼리릭 소리가 났다.

'로봇인데도 사람처럼 말을 할 수 있다고 들었는데?'

알셈이 눈을 부라리며 아니, 카메라의 플래시를 번쩍이며 내게 말을 걸었다.

"인간! 기분 나쁘게 왜 쳐다봐!"

이렇게 말이다. 먼저 말을 걸어 주었는데 가만히 있을 수 없어서 나도 한마디 했다.

"네가 로봇이라 신기해서 쳐다봤다. 왜?"

"내가 로봇이라 신기하다고? 꼴뚜기랑 문어를 합친 네 얼굴이 훨씬 더, 대단히 신기한데?"

음. 정말 말을 잘하는 로봇이군.

알셈의 친절한 인사를 듣고 나니 화가 머리끝까지 났다.

"뭐, 뭐가 어쩌고 어째!?"

참고로 나는 믿든 안 믿든 우리 반 얼짱이다. 그런 나에게 외모를 지적하다니!

"잠깐! 싸우지들 말고 저기를 봐!"

아름이의 외침에 일행은 모두 아름이 쪽을 쳐다보았다. 아름이는 우리 배가 가고 있는 바다 앞쪽을 가리키고 있었다. 그곳에는 검은 먹구름이 피어오르며 뿌연 안개가 끼고 있었다. 우리는 모두 그곳을 바라보며 한여름인데도 원인 모를 한기를 느끼고 몸을 부르르 떨었다.

"저, 저게 뭐지?"

순식간에 커진 검은 먹구름이 엄청난 소나기를 퍼붓기 시작했다. 이어서 축구 골대만 한 파도가 우리 배를 덮쳤다. 이리저리 마구 출렁거리던 배에서 삐거덕 소리가 나더니 갑자기 배 한가운데에서 물이 솟아올랐다. 피타고레 박사님은 자신의 머리에 손을 올리더니 악몽을 꾼 것 같은 표정을 지으며 소리쳤다.

"악! 큰일이야! 배에 구멍이 났어!"

아까 보았던 테이프로 붙인 구멍들이 불안하더라니! 다행히 물이 솟아난 곳이 한 군데였기에 망정이지 자칫 막은 곳들이 한꺼번에 전부 터졌다면…… 상상만으로도 몸서리가 쳐졌다.

"그나마 다행이야."

그러자 알셈이 한심하다는 느낌으로 쳐다보며 호통을 쳤다.

"그렇다고 멍하니 보고만 있을 거야? 당장 구멍을 막아야지!"

알셈의 호통에 화가 난 나는 외쳤다.

"얼핏 보기에도 이 배에 난 구멍의 숫자는 수천 개는 되어 보였어. 저 많은 구멍 중에 겨우 한 개의 수만 터진 걸 가지고 왜 이리 호들갑이야?"

그런데 피타고레 박사님이 끼어들었다.

"수와 숫자의 차이도 모르냐?"

"뭐라고요?!"

"정확히 이 배에 난 구멍은 2845개야. 2845는 네 자리 숫자가 아니라 네 자리 수라고 한단다. 2845원은 1000원짜리 2개와 100원짜리 8개와 10원짜리 4개와 1원짜리 5개가 있다는 뜻이지? 2845는 다음과 같이 쓸 수 있어.

$$2845 = 2000 + 800 + 40 + 5$$

이때 2를 천의 자리 숫자, 8을 백의 자리 숫자, 4를 십의 자리 숫자, 5를 일의 자리 숫자라고 불러."

알셈도 한마디 거들었다.

"이제 알겠냐? 과연 생긴 대로 아이큐도 꼴뚜기나 문어 수준이군."

"이게 진짜!"

너무 화가 난 나머지 알셈에게 꿀밤이라도 한 대 선물해 주고 싶었다.

"으악! 구멍이 또 터졌어. 올림아!"

겁에 질린 일원이의 말을 듣고 황급히 돌아보니 또 구멍이 나서 두 번째 물기둥이 솟아올라 있었다. 일단 급한 물기둥부터 막아야 했다. 나와 일원이는 주변에 있는 널빤지를 들고서 물이 솟아오른 구멍 두 곳을 막았다. 다행히 물은 더 이상 올라오지 않았다. 널빤지 위에 테이프를 붙여 한숨 돌리려는 그때, 아름이가 외쳤다.

"꺄악! 얘들아 저기! 또 터졌어!"

"뭐?!"

아름이가 가리킨 곳에서 세 번째 물기둥이 솟아오르고 있었다.

"박사님, 이거 배 맞아요?"

소나기 한 번 내렸다고 물기둥이 두 개 아니 세 개나 솟구치는 배라니…… 조선시대 거북선도 이 배보단 훨씬 튼튼했을 거야.

"하하하, 괜찮아. 2845개 중 이제 세 개만 터졌을 뿐이야. 얼른 막거라."

아니 이 상황에서 어떻게 저렇게 웃으며 이야기할 수 있지? 그,

그보다 우리는 배에 탄 승객인데 왜 우리가 이걸 막아야 하는 거지? 어쨌든 이대로 가다간 배가 가라앉을 수도 있다. 일원이와 야무진에게 일단 첫 번째와 두 번째 널빤지를 누르고 있게 한 뒤 곧바로 세 번째 구멍을 널빤지로 막았다.

콰앙!

큰 소리와 함께 배가 요동을 치더니 검은 연기를 내뿜던 엔진이 고장 났다. 매운 연기가 콧속을 찌르고 들어왔고, 알셈이 또 소리쳤다.

"이번엔 네 번째다!"

박사님은 물기둥 숫자를 세고 있었다.

"구멍이 네 개 터졌군! 2845개의 구멍 중에서 4개가 터졌지? 이것은 $2845 - 4$라고 할 수 있어. 이것을 계산하면 $2845 - 4 = 2841$이지. 그러니까 아직도 구멍이 2841개 남았어. 하하하. 이 정도면 버틸 만해!"

"웃지만 마시고 어떻게 좀 해 보세요!"

박사님은 엄청나게 긍정적인 사람이거나 정말 대책이 없는 어른이다. 나는 고함을 지르면서 아름이에게 다른 널빤지를 구해서 네 번째 물기둥을 막도록 했다. 이윽고 안도의 한숨을 쉬려는데 뻥뻥 소리가 연달아 났다.

"이봐, 꼴뚜기. 쉴 틈이 어디 있어? 새로운 구멍이 열 개 더 생겼다고."

"히익! 열 군데나 더!?"

알셈의 말을 듣고 그만 눈앞이 깜깜해졌다. 남은 2841개의 구멍 중 열 군데가 더 생겼으니 남아있는 구멍은 몇 개지?

$2841 - 10 = 2831$

박사님은 아직도 2831개의 구멍이 남아 있으니 안심이라고 중얼거리고 있었고, 알셈은 팔이 없으니 아예 없는 셈치면⋯⋯ 구멍을 막을 수 있는 사람들은 사실상 우리 네 명이 전부였다. 물기둥을 하나씩 막고 있다간 다른 구멍이 터져 배가 가라앉을 게 뻔했다.

"안 되겠어. 전부 바가지를 들고 물을 퍼내자!"

"아, 이 고귀한 내가 이런 천박한 일을 하다니."

그러게 누가 따라오랬나! 도련님 티 내는 야무진은 무시하고 팔까지 걷어붙인 박사님과 우리는 물을 퍼내기 시작했다. 그 뒤에도 계속 뻥뻥 소리가 들리더니 내가 상상했던 최악의 상황이 현실로 벌어졌다. 막아 놓았던 구멍들이 쉴 새 없이 터지는 것이다. 그 짧은 순간 나는 비상한 머리를 굴려서 구멍이 난 곳을 전부 훑어보았다. 적어도 100개는 되어 보였다.

"으! 100은 일의 자리 숫자가 0, 십의 자리 숫자가 0, 백의 자리 숫자가 1인 세 자리 수잖아? 두 자리 수까지는 어떻게 막아 보았다만 세 자리 수부터는 가능성이 없어 보이는데?"

우리는 정신없이 물을 퍼냈지만 쏟아져 들어오는 물을 모두 퍼내는 것은 불가능했다. 어쩌면 좋지? 난감해하던 그때 배가 크게 출렁거렸고, 우리는 모두 넘어졌다. 일원이가 다급하게 외쳤다.

"으악! 올림아! 배가 점점 가라앉고 있어!"

침몰의 공포에 질려 모두들 굳어 있을 때 쿵 소리와 함께 배가 멈췄다. 안개 때문에 아무것도 보이지 않았지만 분명히 큰 배나 섬에 닿았다고 생각했다.

"뭐지? 무인도에 도착한 건가요?"

"아니, 다른 큰 배에 부딪힌 것 같다. 살려 달라고 소리치자!"

우리는 박사님의 말을 듣자마자 입에 손을 모아 큰 소리로 외쳤다.

"사람 살려요! 살려 주세요!"

그러자 배의 앞쪽으로 줄사다리가 툭 떨어지는 게 아닌가? 하늘이 무너져도 솟아날 구멍은 있다는 속담이 떠올랐다. 우리는 앞뒤 가리지 않고 사다리에 매달려서 기어올랐다. 하지만 안개 때문에 배의 형체나 사다리를 내려준 고마운 사람의 모습은 자세히 보이지 않았다. 우리가 모두 줄사다리에 매달린 그 순간, 피타고레 박사의 구멍투성이 배가 공중에 붕 뜨더니 바다로 내리 꽂혔다.

"으악!"

우리는 떨어지지 않기 위해서 서로를 꽉 붙들었다. 그리고 정신을 잃었다.

내가 정신을 차린 것은 어림잡아 1시간 뒤인 것 같았다.

"여기가 어디지?"

"으으, 머리 아파."

나와 야무진이 제일 먼저 정신을 차렸다. 나와 야무진은 일원이, 아름이, 피타고레 박사님, 알셈을 깨웠다. 우리가 있는 곳은 그 거대한 배의 갑판 위인 것 같았다. 하늘은 아까와는 달리 청명했다. 그런데 또다시 비가 내리고 아니, 비가 내린다기보다는 멀리서 우리에게 다가오고 있었다. 그것도 붉은색 비가!

"날씨가 맑은데 왜 붉은색 비가 내리는 걸까?"

멀리서 다가오는 비를 자세히 들여다보니 그건 비가 아니라 화살이었다. 그것도 불화살!

"으아아아아악?!"

우리 모두는 겁에 질려 서로를 부둥켜안고 몸을 떨었다. 그때 옆에 있던 알셈이 '삐리리리' 하는 소리를 내며 불화살을 스캔하더니 외쳤다.

"조심해! 1000개의 화살이 날아온다!"

알셈의 다급한 외침에 이어 일원이의 겁먹은 목소리가 들렸다.

"1000개라니, 100개보다 많은 거야?"

우리는 엎드려 바닥을 기며 화살들을 요리조리 피해 숨었다. 1000개의 불화살은 배의 구석구석에 꽂혔다. 그런데 어찌 된 영문인지 화살을 맞은 사람은 아무도 없었다. 날쌔게 피했다고 해도 1000개 중 하나의 화살도 맞은 사람이 없다니 이상한데?

그때 어디선가 어마어마하게 큰 목소리가 들려왔다.

"도대체 이게 무슨 난리 법석이냐?"

방금 누가 말한 거지? 두리번거리고 있는 와중에 어디선가 양동이들이 날아왔다.

"으악, 맞을 뻔 했잖아! 뭐야, 이 양동이는?"

"내 몸에 불이 붙었다. 물을 퍼서 불을 꺼라!"

이 괴상하고 으스스한 목소리는 대체 뭐지? 이건 배에 먼저 타고 있던 다른 누군가의 목소리가 분명했다.

화르르륵!

"흐익! 엄마! 살려줘!"

고귀한 야무진의 천박한 비명이 들렸다. 돌아보니 불화살에서

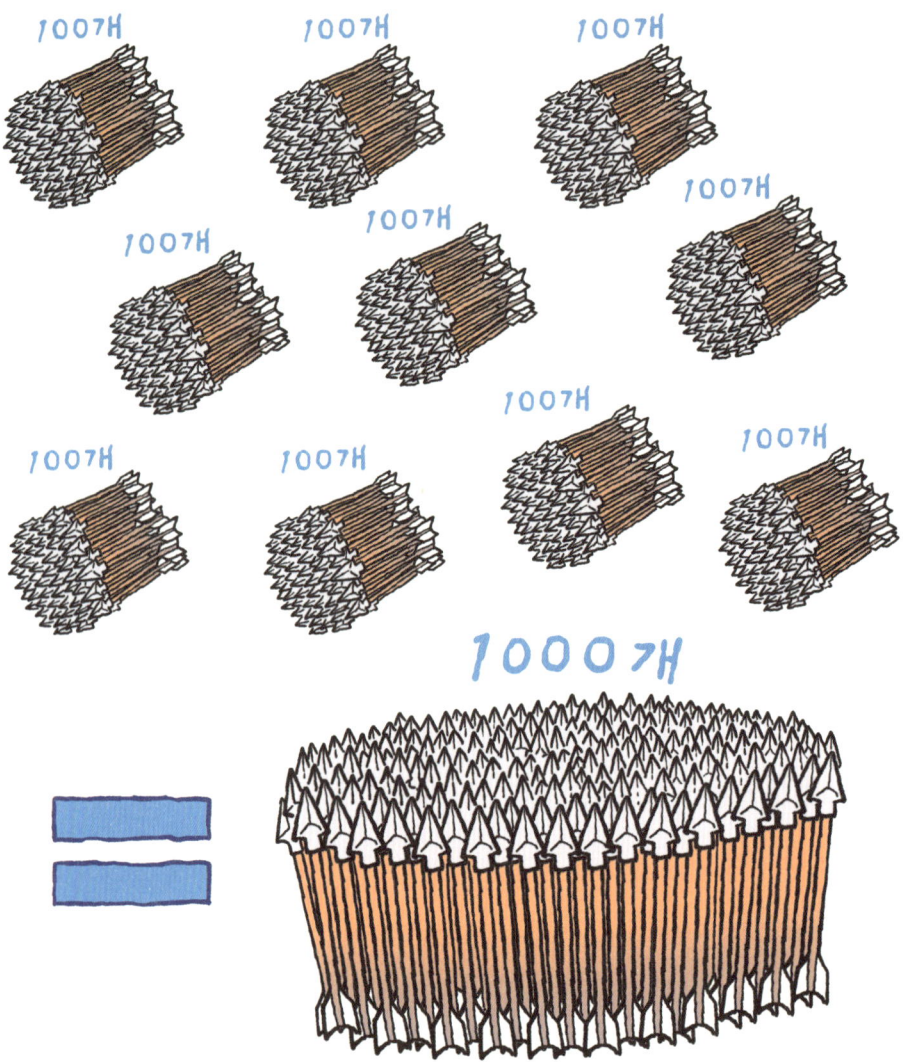

옮겨붙은 불길이 빠른 속도로 번지고 있었다. 아까는 물바다에서 허우적댔는데 이번엔 불바다라니…… 이제는 배라면 정말 지긋지긋하다. 어쨌든 불을 끄기 위해선 바닷물을 퍼 올려야 하는데, 이 배는 피타고레 박사님의 배와는 비교도 할 수 없을 만큼 엄청 컸다. 우리 중에 몇 명은 줄사다리로 내려가 바닷물을 퍼 올려야만 했다. 그, 그런데 누가 내려가지?

"너희 둘이 내려가!"

그 생각을 하던 차에 알셈은 카메라로 나와 야무진을 동시에 가리켰다.

"왜 내가 내려가야 하는데?"

나와 야무진이 동시에 소리치자 그게 신호라도 된 것처럼 불길이 거세졌다. 그리고 활활 소리를 내며 우리들을 향해 무서운 속도로 다가오기 시작했다.

"안 되겠다. 나는 줄사다리 중간에, 너는 줄사다리 맨 끝에 간격을 두고 서자. 네가 맨 끝에서 바닷물을 퍼 올려! 그럼 내가 그걸 받아서 위로 전달할게!"

내 말에 야무진은 고개를 저었다.

"그러지 말고 네가 맨 끝으로 가서 바닷물을 퍼 올려. 내가 아름이가 있는 배 위로 양동이를 전달하지!"

우리는 티격태격하며 줄사다리를 붙잡고 내려갔고, 밀고 당기고 하다가 힘에서 밀린 내가 줄 맨 끝에 위치하고 말았다.

"영차!"

이왕 이렇게 된 것 불을 끄는 데 집중하기로 했다. 한 손으로는 줄사다리를 붙잡고 다른 한 손으로는 양동이에 바닷물을 한가득 담아서 위로 올려 보냈다. 야무진은 얼른 양동이를 올려 보냈고, 아름이와 일원이가 양동이의 바닷물로 불을 끄면 박사님이 다시 빈 양동이를 아래로 내려보냈다.

순전히 나의 희생정신 덕분에 불이 거의 꺼져 갈 무렵이었다. 팔이 너무 아파 잠시 쉬려는 찰나 귀가 따가울 정도로 휙휙 소리가 나며 하늘에서 불화살이 쏟아져 내렸다.

"꼴뚜기! 이번엔 1000이 10개 모인 10000개의 화살이 날아온다!"

알셈이 위에서 소리를 질렀다. 나는 다시 양동이에 물을 담아서

퍼 올리기 시작했다. 네 자리 수에서 이젠 다섯 자리 수로 늘어난 불화살을 끄는 게 급선무였다. 정말 쉬지 않고 퍼 올렸다. 끝이 보이질 않았다. 차라리 배를 포기하고 바다에 뛰어들고 싶었으니까. 하지만 무작정 바다에 뛰어들면 물고기 밥이 될 테니 그럴 수도 없었다.

살기 위해서는 불을 꺼야 하고 양동이를 계속 퍼 올리는 수밖에……. 그런데 가만히 생각해 보니 이건 말이 안 되지 않나? 내가 아무리 힘이 장사라고 해도 이 10000개의 불화살을 다 끌 만큼의 물을 퍼 올린다는 것은 있을 수 없는 일이었다. 그것도 초등학생이 말이지. 조금 전에 1000개의 불화살을 다 껐다는 것도 이해할 수가 없었다.

"뭐해! 물 퍼!"

알셈은 얄밉게도 계속 물을 퍼 올리라고 재촉했다. 계속 이렇게 물을 퍼 올린다고 저 배의 불을 다 끌 수 있을까? 너무 막막하니 꿈을 꾸고 있다는 착각마저 들었다. 그래서 양동이에 있던 물을 내 머리에 부어 봤지만 물이 굉장히 차갑다는 사실을 확인했을 뿐이다.

"이건 현실이 맞는 것 같은데?"

가만! 이 배의 정체는 과연 무엇일까? 차가운 물 덕분인지 정신이

든 나는 단박에 배의 정체에 의심을 품었다. 왜 진작 이상하다는 생각을 못했을까? 배에 불이 났는데 왜 배에 탄 그 누구도 나와 보지 않는 거지? 게다가 아까 들었던 목소리의 정체도 궁금했다. 알셈은 그 틈에도 계속 재촉했다.

"뭐해! 물 안 퍼?"

"야, 땅딸보 로봇! 조용히 좀 해! 그리고 야무진! 넌 어서 위로 올라가."

"정신이 어떻게 된 거 아냐? 지금 배 위에는 불이 붙어서 난리라고! 아름이가 다치면 어떻게 할 건데?"

난 야무진에게 사다리가 끊어지려 한다고 일단 둘러댔다.

"사다리가 끊어지면 너랑 나랑 완전히 끝이다!"

녀석은 내 말을 듣고는 깜짝 놀란 모양이었다.

"진짜야?"

"그래! 정말이야!"

"알았어!"

역시 나는 녀석보다 한 수 위라니깐. 아무튼 여차여차해서 위로 올라간 뒤 바로 배에 대고 소리쳤다.

"이봐! 아까 우리한테 양동이를 던져준 녀석! 어디 있어? 모습을 드러내라! 도대체 이 배는 정체가 뭐야?!"

그러자 금세 배에서 대답이 돌아왔다.

"후후후, 당돌한 녀석이구나."

누군가 모습을 드러내지 않고 목소리만 들렸다. 이건 분명 배가 대답을 한 것이다. 역시 내 생각이 맞았다. 이 배 자체가 살아있는 생명이다!

"어떻게 우리들만으로 10000개의 불화살을 끄라는 거야? 1000개의 불화살을 끄는 것도 불가능해! 100개의 구멍도 막지 못했는데 어떻게 그 많은 수의 불을 끄겠어?"

그러자 배에서 껄껄 웃는 소리가 들렸다. 단지 웃기만 하는데도 나를 비롯해 우리 일행들은 심장과 속이 뒤집히는 것 같은 고통을 느껴야만 했다. 웃는 이유를 몰라 의아해하고 있는데 목소리가 들렸다.

"그래도 내 덕분에 넌 지금 10000까지의 수를 공부했고, 그것을 거꾸로 다시 생각해 내지 않았나?"

가만 듣고 보니 그런 것 같기는 하지만…… 이건 너무하잖아? 내 손과 팔은 무지막지하게 고생한 덕분에 솥뚜껑만 하게 부었다고!

"네 정체가 뭐야? 어서 안 나와?"

"내 정체를 말해 주지! 난 유령선, 미카엘이다!"

"유령선!"

배가 유령선이라고 말하자마자 피타고레 박사님은 자신의 머리를 양손으로 잡더니 크게 소리를 질렀다. 아름이가 달려들어서 쓰러지려는 박사님을 겨우 붙잡았다.

"유령선 미카엘? 그럼 저 불화살도 네가 만들어 낸 환영 같은 거냐?"

"환영이라니, 재밌는 이야기를 하는구나. 주위를 잘 살펴보거라."

우리는 두리번거리며 바닷가를 살펴보았다. 낯익은 모습이 눈에 들어왔다. 학교 도서관에 있는 세계사 학습 만화책에서 본 기억이 있다. 그때 아름이가 외쳤다.

"저건 고대 그리스의 배들이 잖아?"

고대 그리스? 아름이가 말을 이어 나갔다.

"세계사 책에서 본 적이 있어. 고대 그리스인들은 바

다에서 무역을 했어. 그 당시에는 이 무역선들을 노리는 해적들도 많았다고 했는데……."

자세히 보니 주위엔 수백 척의 배가 떠 있었다. 왼쪽에는 물건들을 싣고 있는 무역선들이, 오른쪽에는 험상궂게 생긴 사람들이 우글우글 몰려 있는 해적선들이 있었다. 하필 우리는 그 가운데에서 날아가다 무역선을 향해 쏜 화살들을 맞았던 것이다.

어떻게 고대 그리스인들이 사는 세계로 오게 된 거지? 아차! 그보다 불을 마저 꺼야지! 어라? 그러고 보니 어느새 유령선에 붙은 불들은 모두 꺼져 있었다.

"부, 불은 어떻게 된 거야? 10000개의 불화살이 날아온 이 배의 불은 어떻게 다 꺼진 거지?"

"모두 내가 스스로 껐다. 난 단지 너희들에게 수학을 알려 주기만 하면 되니까."

도무지 이해가 안 가는 소리만 해대고 있었다. 왜 미카엘이 우리에게 수학을 가르쳐? 그리고 스스로 불을 끌 수 있으면서 우리들에게는 힘들게 양동이로 물까지 퍼 나르게 하다니…….

이제부터 본격적으로 궁금한 것을 물어보려는데 미카엘은 더 이상 말이 없었다.

'얄미운 녀석!'

그때 아름이가 말했다.

"올림아, 지금 양쪽에서 배들이 다가오고 있어!"

쿠쿵!

"이, 이제 우리는 어떻게 해야 되지?"

눈앞이 다시 깜깜해지고 있었다.

'아니지. 이럴 때일수록 정신을 바짝 차려야지.'

호랑이한테 잡혀가도 정신만 바짝 차리면 살아날 묘수가 보일 거란 아버지 말을 들은 적이 있었다. 단! 생명을 장담할 수는 없지만 말이다.

"이봐, 반올림. 내게 좋은 생각이 있어."

야무진이 다가와 말을 건넸다. 별로 미덥지는 못하지만 일단 들어 보기로 했다.

"우리는 지금 해적선과 무역선의 중간에 있단 말이지. 일단 두 무리 중 많은 쪽을 세어 본 다음, 배가 많은 쪽에 은근슬쩍 붙어서 들어가면 어떨까?"

오오 과연, 얍삽한 야무진다운 아주 비겁한 생각이지만 딱히 그것보다 좋은 작전은 생각나지 않았다. 우리는 우선 무역선은 몇 척이 오고 있는지, 해적선은 몇 척이 오고 있는지 알아보기로 했다. 그리고 지금까지는 정신이 없어서 잊고 있었는데 우리에겐 로봇이 있었다. 알셈에게 묻는 것이 좋겠다.

"알셈! 무역선과 해적선이 전부 몇 척이나 되는지 알 수 있겠어?"

"물론이지, 꼴뚜기. 나의 최첨단 카메라에는 엄청난 줌 기능이 있거든."

말끝마다 꼴뚜기래. 정말 거슬렸지만 꾹 참고 알셈이 배의 숫자를 알아내길 기다렸다. 미카엘이 무슨 생각을 하는지 모르고, 거기다 말까지 안 하는 상황이니 지금은 우리가 직접 나서서 일을 해결할 수밖에 없다.

"지금 무역선 중에 우리를 향해 오는 배는 노란색 배가 100척이고 파란색 배가 50척이야."

"좋아! $100 + 50 = 150$이니까 우리를 향해 오는 무역선은 모두 150척이군."

"음, 그런데 그 배들이 모두 되돌아갔군."

"그, 그럼 150 − 150 = 0이니까 우리를 향해 오는 무역선은 0척이잖아?"

"그래 0, 하나도 없어. 모두 되돌아갔어."

"그럼 해적선은?"

"어디 보자. 붉은색 해적선 113척과 검은색 해적선 176척이 오고 있어."

"좋아, 그럼 113 = 100 + 10 + 3이고 176 = 100 + 70 + 6이잖아? 3과 6을 더하면 9가 되고, 10과 70을 더하면 80이 되고, 100과 100을 더하면 200이 되니까 해적선은 총 289척이야."

$$\begin{array}{r}113\\+176\\\hline 289\end{array} = \begin{array}{r}100 + 10 + 3\\100 + 70 + 6\\\hline 200 + 80 + 9\end{array}$$

망했다. 무역선이 전부 도망쳐 버리는 바람에 수적으로 우세한 쪽에 붙는다는 야무진의 계획은 도루묵이 됐다. 해적선이 우리에게 다가오고 있었다.

갑자기 무언가 생각난 나는 아름이에게 물었다.

"아름아, 고대 그리스 사회에는 노예 제도가 있었다는 게 사실이야?"

"응? 응. 고대 그리스는 폴리스라고 부르는 도시 국가였어. 아테네, 스파르타, 테베 등이 대표적이지. 무역을 활발히 해서 지중해나 페르시아 일부 지역까지 식민지로 만들었어. 노예가 전체 인구의 20%나 차지했대."

과연 아름이는 세계사에 대해 모르는 게 없구나. 그때 겁에 질린 일원이가 말했다.

"그, 그럼 우리가 고대 그리스의 해적에게 잡혀가면 노예가 될 수도 있단 소리네?"

"말도 안 돼! 내가 노예라니! 난 고대 그리스에 태어났다면 최소한 왕자였을 거라고!"

이 와중에 무슨 왕자람? 역시 야무진을 데려온 건 실수였다.

"우린 전부 노예가 되는 건가······."

낙심하고 있을 때 알셈이 플래시를 번쩍이며 내게 말했다.

"우리? 우리라니? 난 로봇이니까 그냥 가만히 있으면 신기한 쇠붙이 조각상으로 여기고 장식품으로 사용할 걸? 꼴뚜기 너라면 모를까. 하하하!"

 이 고철을 해적한테 팔면 우리는 살려 주지 않을까? 알셈을 쏘아보며 진지하게 생각해 보았다. 하지만 저 해적들이 애초에 알셈을 돈 주고 살 이유도 없거니와 우리를 순순히 보내 줄 것 같지도 않았다.

 "자, 잠깐만! 내 스마트 폰에 고대 그리스어 통역 애플리케이션이 있을 거야!"
 "정말?! 빨리 켜 봐! 어떻게든 해적들을 설득해야 돼!"
 조금 전 야무진을 데려온 건 실수라고 한 말은 취소해야겠다. 역시 스마트한 세상이야. 야무진이 스마트 폰을 만지작거리며 애플리케이션을 찾고 있을 때 해적들이 유령선에 올라왔다.
 해적들은 우리가 아무런 무기를 가지고 있지 않은데다 대부분 어린이라는 사실을 알았는지 칼을 뽑지는 않았다. 야무진이 통역 애플리케이션을 실행시킨 스마트 폰에 대고 말했다.

"이봐요! 우리는 21세기에서 왔고, 가진 게 땡전 한 푼 없는데다 비실비실해서 일도 못하니 노예로 쓰기도 힘들 겁니다!"

정말 용기 내어 말했다. 무시무시한 해적들 앞에서 그런 용기가 나오다니. 난 정말 용감해.

잠시 후 야무진의 스마트 폰에서 뭐라 뭐라 기계음이 들렸다. 고대 그리스어였나 보다. 우리 모두 숨죽여 해적들의 반응을 기대하고 있는데 이게 웬일이지? 갑자기 적들이 허리춤에 차고 있던 칼을 빼어 들며 마구 인상을 쓰기 시작했다.

어, 이게 아닌데……. 당황한 우리는 모두 머리를 맞대고 야무진의 스마트 폰 화면을 들여다보았다.

"도, 도대체 뭐라고 통역이 된 거야?!"

"기, 기다려봐! 어디 보자…… 우리는 죽음이 두렵지 않다. 너희에게 항복하느니 차라리 죽을 때까지 싸우겠다?"

으아악! 정말 미치겠군. 끔찍한 통역이다. 야무진이 하는 일이 다 그렇지 뭐. 고대 그리스어를 통역하는 애플리케이션이 있다는 것부터 의심했어야 했다. 역시 저 녀석을 데려온 건 실수가 맞았다. 그때 야무진이 태권도 자세를 취했다. 그리곤 양팔로 앞지르기를 두 번 했다.

"야무진! 지금 뭐하는 거야?"

도저히 이해할 수 없는 행동이기에 물어보지 않을 수 없었다.

"내가 이래 보여도 태권도 하얀 띠라고!"

하얀 띠란 점을 강조하면서 앞발차기 시범까지 보였다. 그러자 해적들도 경계 태세로 우리를 둘러쌌다. 저쪽은 칼을 번뜩이는데 우리는 태권도 하얀 띠의 용감한 전사 야무진이 있을 뿐이었다. 야무진의 독주가 여기서 끝이면 내가 말도 안 한다. 야무진은 팔에 차고 있던 밴드에서 최신 스마트 폰을 꺼내더니 경찰에 신고까지 하는 것이다. 그리스 시대로 왔는데 통화가 되겠어? 당연히 안 되지. 다급한지 인터넷 연결까지 시도하는 야무진에게 나는 소리쳤다.

"한심하게 뭐하는 짓이야?"

"넌 뭐 할 줄 아는 거 있냐!"

야무진은 무안해졌는지 나에게 소리쳤다. 어리둥절한 표정으로 하는 행동을 지켜보던 해적들은 우리의 실랑이가 길어지자 화가 났는지 성큼성큼 다가왔다.

그 순간 세상이 멈추었다. 더 정확하게 표현하면 시간이 멈췄다고 해야 할까?

"이건 또 무슨 일이야?"

아까부터 벌어지는 희한한 일들만 해도 머리가 아픈데, 더 황당한 일이 일어났다. 나와 아름이, 일원이를 제외한 모든 상황이 일시 정지된 것이다. 마치 우리를 제외한 세상의 시간만 멈춰 버린 것 같았다.

"지금부터 너희들에게 퀘스트를 주겠다!"

미카엘이 냅다 소리쳤다. 다짜고짜 퀘스트라니, 이 와중에 게임하자는 것도 아니고…….

"그래, 게임이다! 만약에 맞춘다면 너희들이 마법의 힘을 사용할 수 있게 해 주마!"

'헉, 내 마음속까지 다 알고 있다니?!'

"다섯 자리 수 59880 < 59□80라면 □에 들어갈 숫자는 무엇인가?"

59880에서 백의 자리가 8보다 큰 수를 물어보는 질문이다.

"당연히 9밖에 더 없잖아?"

"역시 내가 선택한 소년답군! 이번이 진짜 퀘스트다!"

'어쩐지 쉽더라.'

"반올림! 네가 가지고 있는 해골 목걸이를 무기로 사용하기 위해서는 네 자리 수인 5000마력 지수가 필요하다. 현재 너의 마력 지수는 1000마력이 3개, 세 자리 수인 100마력이 18개, 두 자리 수인 10마력이 21개 있다. 과연 너는 그 해골 목걸이를 사용할 수 있을까?"

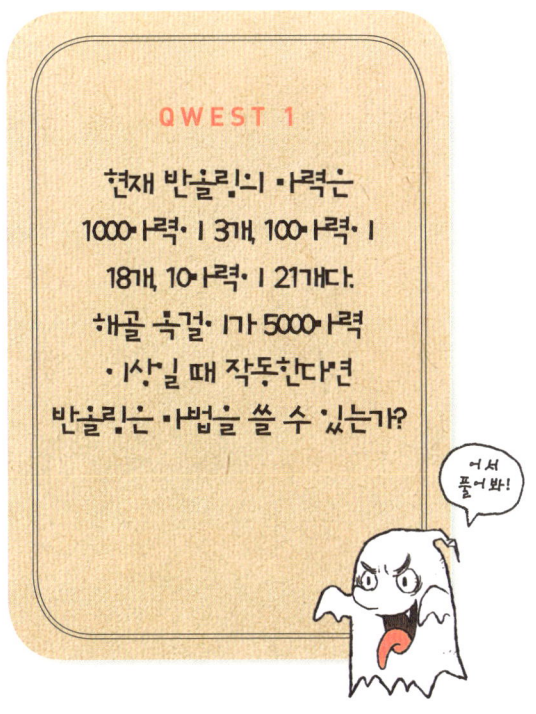

'헉! 이게 무슨 소리야? 이건 진짜 온라인 게임 같아.'

그래도 일단 미카엘이 헛소리를 한 것은 아닐 테니 문제를 풀어 보기로 했다. 숫자 대신 돈이라고 생각하면 쉬울 것 같아서 1000원 짜리 세 장과 100원짜리 18개와 10원짜리 21개가 있다고 바꾸어 생각해 보았다.

10원짜리 21개는 100원짜리 2개와 10원짜리 1개와 같아.

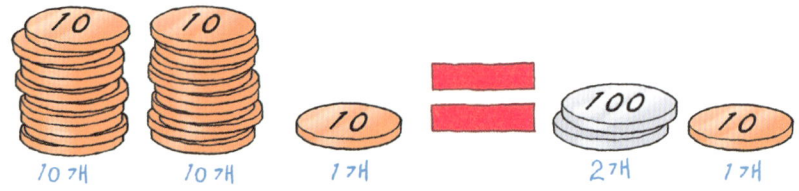

100원짜리 18개는 1000원짜리 한 장과 100원짜리 8개와 같아.

그러면 1000원짜리는 모두 4장, 100원짜리는 10개, 10원짜리는 1개가 돼.

그리고 100원짜리 10개는 1000원짜리 한 장과 같으니까 5010원이 있는 셈이야.

나는 총 5010의 마력 지수를 가지고 있으므로 5000의 마력 지수가 필요한 해골 목걸이를 사용할 수 있어!

여기까지 풀자 세상과 시간이 다시 돌아가기 시작했다. 그리고 마법의 힘을 사용할 수 있다는 약속이 이루어졌다.

갑자기 해골 목걸이가 번쩍하면서 파란빛이 형광등처럼 켜졌다. 이어서 해골이 턱을 딱딱 부딪치더니 점점 커지기 시작했다. 목이 아플 정도로 거대해진 해골은 눈에서 5000마력짜리 강한 빛을 내뿜었다. 두 눈에서 폭발적으로 뿜어낸 파란빛은 마치 레이저 광선처럼 뻗어서 해적들이 들고 있던 칼을 모조리 녹여 버렸다.

나뿐만이 아니었다. 아름이의 팔찌에서는 하얀빛이 뿜어져 나왔다. 그 빛은 이내 우리의 몸을 빈틈없이 감싸더니 마치 얼음처럼 딱딱하게 변했다. 신기한 것은 우리의 몸이 움직이는 데는 아무런 지장이 없었다는 점이다. 적이 달려들어 칼을 세게 휘둘렀지만 얼음 같은 보호막에 막혀 적의 칼은 부러지고 말았다.

우리 삼총사 중 일원이에겐 아무 변화가 없는 줄 알았는데 그게 아니었다. 일원이의 헤드셋에 적혀 있던 커다란 숫자들이 크게 부풀어 오르더니 갑자기 허공으로 튕겨져 나왔다. 숫자들은 적들 주변에서 춤을 추듯이 움직였다. 적들은 사방에서 달려드는 숫자에 놀라서 기겁을 하더니 다시 자신의 배로 허겁지겁 도망쳤다.

와구와구 수학 랜드 1

여러분, 본문 속에
녹아 있는 □까지니 수에 대해
더욱 자세히 알아볼까요?

1 1000씩 커질 때 수를 읽어 봅시다.

우선 100이 10개가 모이면 1000이 된다는 사실은 알죠? 1000은 900보다 100이 큰 수이고, 990보다 10이 큰 수이며, 999보다 1이 큰 수랍니다.

1000이 2개면 **2000**이라고 쓰고, **이천**이라고 읽어요.
1000이 3개면 **3000**이라고 쓰고, **삼천**이라고 읽어요.
1000이 4개면 **4000**이라고 쓰고, **사천**이라고 읽어요.
1000이 5개면 **5000**이라고 쓰고, **오천**이라고 읽지요.
1000이 6개면 **6000**이라고 쓰고, **육천**이라고 읽어요.
1000이 7개면 **7000**이라고 쓰고, **칠천**이라고 읽어요.
1000이 8개면 **8000**이라고 쓰고, **팔천**이라고 읽어요.
1000이 9개면 **9000**이라고 쓰고, **구천**이라고 읽습니다.

2 네 자리 수를 차례대로 읽어 봅시다.

이제 네 자리 수를 천의 자리부터 읽어보도록 하죠. 2876은 1000이 2개, 100이 8개, 10이 7개, 1이 6개인 네 자리 수입니다.

천의 자리 숫자는 2, 백의 자리 숫자는 8, 십의 자리 숫자는 7, 일의 자리 숫자는 6인 거죠. 이천 팔백 칠십육이라고 읽습니다.

2 8 7 6
천 백 십

단, 숫자가 '1'일 때는 자릿수만 읽습니다. 즉, 3125는 '삼천 일백 이십오'라고 읽지 않고 '삼천 백 이십오'라고 읽는 것이지요.

3 10000은 1000이 몇 개가 모여 만들어진 것일까요?

1000이 10개 모이면 10000이 되고, '만'이라고 읽습니다.

65

4 뛰어 세기를 해봅시다.

1234에서 1000씩 뛰어 세면

1234 — **2**234 — **3**234 — **4**234 — **5**234 — **6**234 — **7**234 — **8**234 — **9**234

1234에서 100씩 뛰어 세면

1**2**34 — 1**3**34 — 1**4**34 — 1**5**34 — 1**6**34 — 1**7**34 — 1**8**34 — 1**9**34

1234에서 10씩 뛰어 세면

12**3**4 — 12**4**4 — 12**5**4 — 12**6**4 — 12**7**4 — 12**8**4 — 12**9**4

1234에서 1씩 뛰어 세면

123**4** — 1235**5** — 1236 — 1237 — 1238 — 123**9**

5 네 자리 수의 크기를 비교해 봅시다.

네 자리 수의 크기 비교는 다음과 같이 천의 자리 숫자부터 차례대로 비교한답니다.

5367 < 6105
5367 < 5512
5367 < 5381
5367 < 5369

수학 추리 극장 1

　수학 전문 탐정 피타고레는 오늘도 일거리가 없어서 어제와 마찬가지로 전기 파리채를 들고 사무실에 불법 침입한 모기와 파리를 잡고 있었다. 두 평 남짓한 사무실에는 책상과 소파가 전부였다. 소파에서 낮잠, 밤잠을 가리지 않고 잤는지 가운데 부분이 움푹 들어가 있었다. 책상에는 종이 한 장 없이 먼지만 쌓여 있었고, 낡은 전화기가 놓여 있었다.
　"어휴, 이놈의 탐정 사무소도 다음 달이면 그만둬야 하나?"
　"따르릉! 따르릉!"
　한숨을 푹푹 쉬고 있는데, 한 번도 울리지 않던 수화기에서 전화벨이 울렸다. 피타고레는 기쁨을 가까스로 억누르며 헛기침으로 목을 가다듬고는 수화기를 귀에 가져다 대었다. 그런데 저쪽에서 다짜고짜 이렇게 묻는 것이었다.
　"거기 자금성이죠? 지금 자장면 배달돼요?"

"네? 자금성이요? 여기는 탐…"
"아, 탕수육은 됐고, 자장면 곱빼기 한 그릇만 배달해 줘요."
피타고레는 폭발하고 말았다.
"여긴 탐정 사무소라고!"
그러면서 수화기를 꽝 내려놓았다. 그런데 다시 전화벨이 울렸다. 화가 난 피타고레는 수화기를 집어들고 다짜고짜 소리를 질렀다.
"야! 여긴 탐정 사무실이다! 그것도 수학 탐정 사무실!"
"그렇죠? 엉엉. 겨우 찾았네요. 지금 사무실 앞에 있어요."
피타고레는 자신의 귀를 의심하지 않을 수 없었다. 수학 탐정 사무실이라고 분명히 말했는데 감격의 눈물까지 흘리다니 말이다. 이렇게 생각하고 있는데 문이 열렸다.
끼익
이내 한 남자 아이가 눈물을 뚝뚝 흘리며 들어왔다.
"흑흑흑."
"얘야, 왜 우는 거니?"
소년의 말을 들어보니 우는 이유를 알 것 같았다.
"현관 비밀번호를 잊어버려서 엄마, 아빠한테 휴대폰으로 전화를 했어요. 그런데 안 받으시잖아요. 벌써 30분 동안이나 못 들어가고 있어요. 집 안에는 피자와 치킨이 잔뜩 있는데 못 먹고 있어요. 흑흑."
피타고레는 안타깝게 소년을 바라보며 말했다.
"괜찮아. 나도 예전에 하루 종일 집에 못 들어간 적이 있단다. 내가 해

결해 주마! 혹시 힌트라도 있니?"

"힌트라면 있어요!"

아이는 기뻐서 폴짝폴짝 뛰며 소리쳤다. 아이 말로는 비밀번호는 네 자리 수라고 했다. 그리고 천의 자리 수는 일의 자리 수에 3을 곱한 수이며 백의 자리 수와 십의 자리 수는 같고 각 자리 수의 합은 8이며 각 자리 수에 0은 올 수 없다는 것이다.

피타고레는 순식간에 비밀 번호를 알아내서 꾹꾹 눌렀다.

"비밀번호는 다름 아닌 3221번이다!"

문을 열자마자 피타고레는 아이를 안고 뛰어 들어갔다. 1년 동안 못 먹어본 피자와 치킨이 잔뜩 있다는데 어떻게 걸어 들어갈 수 있으랴?

"소년! 피자와 치킨은 어디 있냐?"

그런데 갑자기 안에서 비명이 들렸다.

"도둑이다!"

알고 보니 아이의 부모님은 침대에 곯아떨어져 있었는데 시끄러운 소리에 잠이 깨 나가 보았고 그곳에서 웬 어른 한 명이 자신의 아이를 데리고 뛰어 들어오니 깜짝 놀라 비명을 지르게 된 것이다.

그건 그렇고 피타고레는 과연 어떻게 비밀번호를 단번에 알아맞혔을까?

풀이

　일의 자리 숫자가 1이라면 천의 자리 숫자는 3이 된다. 각 자리 수의 합이 8이므로 백의 자리 숫자와 십의 자리 숫자의 합은 8 - 1 - 3인 4가 되어야 한다. 백의 자리 숫자와 십의 자리 숫자는 같은데 합은 4가 되어야 하므로 백의 자리 숫자와 십의 자리 숫자는 각각 2이다. 그러므로 3221이 가능하다.

　일의 자리 숫자가 2이면 천의 자리 숫자는 6이 되고, 그러면 백의 자리 숫자와 십의 자리 숫자의 합은 0이 되므로 두 수는 모두 0이 되는데 이것은 조건에 맞지 않는다.

　일의 자리 숫자가 3 이상이면 조건을 만족하는 수는 없다.

그러므로 비밀번호는 3221이다.

수학왕 반올림과 함께 배워요!
- 세 자리 수의 덧셈하기
- 세 자리 수의 뺄셈하기
- 덧셈과 뺄셈의 여러 가지 방법

유령선 안에
펼쳐진
몬스터 마법 학교

정완상 선생님의 **수학교실**

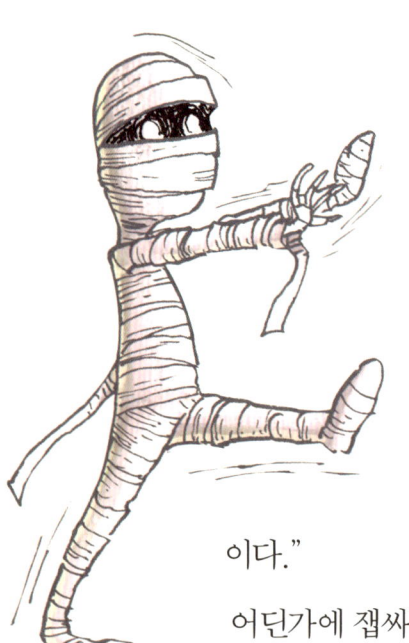

"포세이돈! 포세이돈!"

해적이 도망가며 외친 그 말은 통역이 없어도 확실히 알아들을 수 있었다.

"다행이구나. 우리를 올림푸스의 12신들 중 바다의 신 포세이돈으로 생각하는 모양이다."

어딘가에 잽싸게 숨어 있어서 그동안 보이지 않았던 피타고레 박사님이 터덜터덜 걸어오며 말씀하셨다.

"올림푸스의 12신이요?"

일원이의 질문에 박사님이 말을 이었다.

"그래. 그리스 신화에 등장하는 올림푸스에는 최고의 힘을 가진 제우스라는 번개의 신과 그의 아내이자 누이인 가정의 여신 헤라, 바다의 신 포세이돈, 전쟁의 여신 아테나, 사랑의 여신 아프로디테, 달의 여신 아르테미스, 대지의 여신 데메테르, 태양의 신 아폴론 등이 있단다."

"그 외에 전령의 신 헤르메스, 대장간의 신 헤파이스토스, 또 다른 전쟁의 신 아레스, 대지의 신 디오니소스 등이 있어."

역시 아름이는 박학다식하구나. 나는 새삼 감탄하며 고개를 끄덕였다.

그때 미카엘이 다시 말을 걸어왔다.

"앞에서 대폭풍이 몰려온다. 배는 물론이고 집 백 채를 순식간에

날려 버릴 만큼 강력한 폭풍이지. 난 이만 낮잠을 자야겠으니 너희들은 알아서 폭풍에 대비하도록."

우리는 깜짝 놀랐다. 집 백 채를 순식간에 날려 버릴 만큼의 위력을 지닌 폭풍이 오는데 자신은 낮잠을 자겠다고?! 더구나 우리더러 알아서 하라고?!

미카엘의 말대로 저 멀리 거대한 폭풍이 밀려오는 게 한눈에 들어왔다. 삽시간에 파도가 커져서 유령선을 삼킬 정도의 높이가 되어 몰려오고 있었다. 세상의 모든 것을 뒤집어엎을 것 같았다. 우리는 허둥지둥 유령선의 선실로 피하려 했다. 그런데 유령선의 선실

로 들어가는 문은 잠겨 있었고 그곳에는 무언가 적혀 있었다.

"뭐야, 이건?"

세 자리 수 덧셈 문제였다. 받아 올림을 이용해서 876 + 489를 계산하면 선실의 문을 열어 주겠다고 적혀 있었다.

"또 수학 문제잖아?"

이런 다급한 상황에서조차 수학 문제가 나오다니! 만약 이 문제를 풀지 못한다면 우리는 파도에 휩쓸려 물고기 밥이 되고 말 것이다. 빨리 이 문제를 풀어야 했다. 집채만 한 파도는 기다려 줄 생각이 전혀 없다는 듯이 거대한 몸집을 자랑하며 유령선을 집어삼킬 듯이 빠르게 다가오고 있었다.

"세, 세 자리 수의 덧셈이잖아? 올림아, 이건 어떻게 풀어야 돼?"

$$\begin{array}{r} 876 \\ +\ 489 \\ \hline \end{array}$$

당황하는 아름이를 진정시키고 우선 차분히 문제를 살펴보았다.

"우선 876 + 489를 계산하려면 각자 자릿수에 맞춰서 계산을 해야 돼. 일의 자리 수는 일의 자리 수끼리, 십의 자리 수는 십의 자리 수끼리, 백의 자리 수는 백의 자리 수끼리 더하는 거야."

 "먼저 일의 자리 수끼리 더하면 6 + 9 = 15가 돼. 15에서 1은 받아 올림하고 일의 자리에 5를 써. 그다음 십의 자리 수끼리 더하면 1 + 7 + 8 = 16이 되는데 1은 받아 올림하고 십의 자리에는 6을 쓰면 돼. 이제 백의 자리를 더하면 1 + 8 + 4 = 13에서 1은 받아 올림해서 천의 자리에 쓰고 3을 백의 자리에 쓰면 돼. 그러니까 876 + 489 = 1365가 돼. 정답은 1365!"

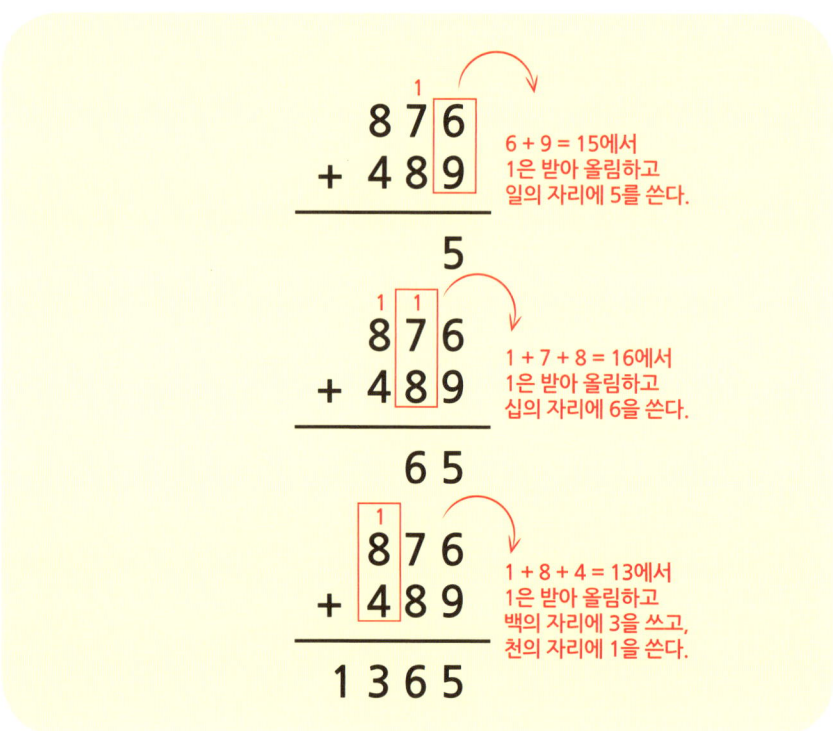

정답을 외치자 문이 벌컥 열렸다.

"우와! 올림이 최고!"

아름이가 와락 달려들며 기뻐했다. 야무진의 따가운 눈총을 받았다. 어쩌라고?

어느새 우리의 코앞에 다가온 집채만 한 파도는 당장이라도 우리를 집어삼킬 것만 같았다. 우리는 열린 문 안으로 뛰어들었다. 하지만 문제는 그게 끝이 아니었다.

좀 지나지 않아 잠긴 문이 또 나왔는데 그 문에는 또 다른 수가 적혀 있었다. 일원이가 소리쳤다.

"또, 또 수학 문제야, 올림아!"

"흥, 이번엔 이 야무진 님이 풀어 주지. 세 자리 수의 덧셈쯤이야!"

야무진이 기세등등하게 팔을 걷어붙이고 나섰다. 어디 한 번 해 보라지.

"좋아, 이번엔 너한테 맡겨 보지."

"그, 그런데 이거, 뺄셈이잖아? 461 − 186? 난 뺄셈은 조금 약한데……."

역시 이 녀석한테 기대한 내가 잘못이지. 야무진을 밀치고 내가 풀려고 하는데, 갑자기 야무진이 찰싹 달라붙어 작은 목소리로 속삭였다.

"이봐, 반올림. 나에게 세 자리 수의 뺄셈을 어떻게 하는지 방법만 알려줘. 나머지는 내가 풀 수 있으니까. 어서!"

'음. 본인이 문제를 풀고 아름이에게 멋지게 보이고 싶은 모양이군.'

썩 내키진 않았지만 우리 모두 파도에 쫄딱 젖은 생쥐가 되었으니 얼른 알려 주고 문을 열고 들어가기로 했다.

$$\begin{array}{r} 461 \\ -\ 186 \\ \hline \end{array}$$

"461 빼기 186은 덧셈과 똑같이 일의 자리부터 생각해야 해. 하지만 1에서 6을 뺄 수 없으므로 십의 자리에서 받아 내림을 해야 돼. 그러니까 십의 자리에서 10을 빌려 오는 거야. 그럼 461의 십의 자리 숫자 6을 지우고 5라고 써야 해. 11에서 6을 빼면 얼마가 돼?"

"5"

"좋아. 이제 십의 자리를 셈할 차례야. 5에서 8을 뺄 수 없으니까 다시 백의 자리에서 받아 내림을 해야 해. 그럼 15 − 8을 하면 얼마지?"

"7"

"오케이. 이제 백의 자리를 계산하면 되지? 받아 내림을 한 후 백의 자리 계산은 3 − 1 = 2가 돼. 그러니까 461 − 186 = 275!"

"좋았어! 열려라! 275!"

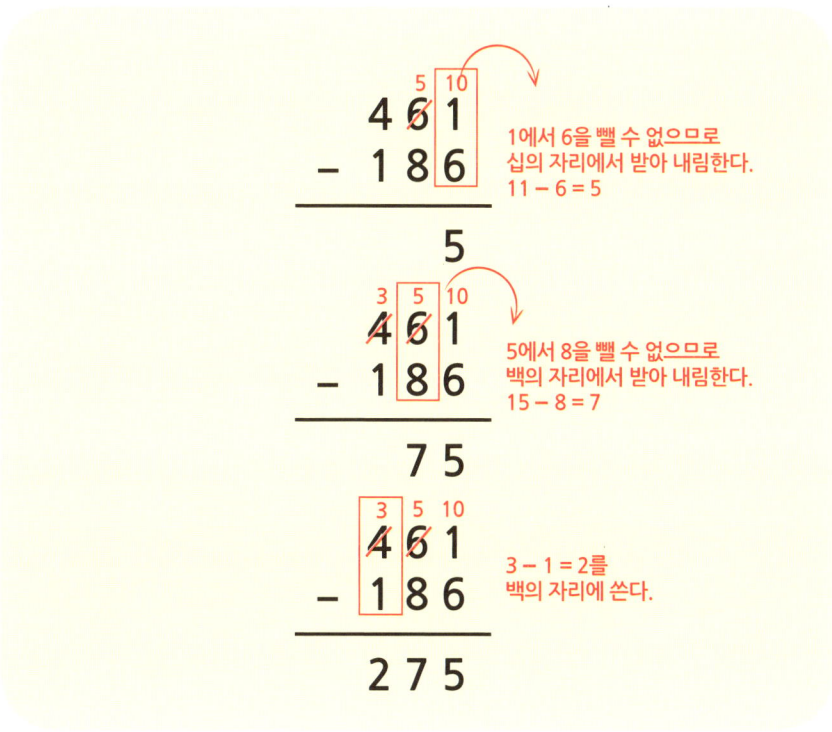

야무진이 거만하게 외치자 역시 문이 벌컥 열렸다. 또 다시 아름이가 기뻐하며 나를 와락 끌어안았다.

"우와! 올림이 최고! 다음에 나도 수학 문제가 나오면 가르쳐 줘!"

"어? 내, 내가 풀었는데……."

실망하는 야무진은 내버려 두고, 열린 문 안으로 들어갔다.

"으악, 또 문이잖아! 추워 죽겠단 말이야!"

지금껏 묵묵히 따라오던 피타고레 박사님이 추위를 못 참겠는지 크게 투덜거리셨다. 그나저나 대체 이런 문이 몇 개나 있는 거지?

"엥? 이 문엔 아무 숫자도 없는데?"

일원이의 말대로 문에는 다행히 숫자 같은 건 없었다. 그냥 낡은 나무 문이었다.

"이 천재 과학자가 되실 야무진 님께서 볼 때, 이 문은 어떠한 과학 원리에 의해 열리도록 설계된 것이 분명해. 이제부터 내가 이 문을 열어 주지. 반올림 넌 구경이나 하도록."

'아니, 아무리 봐도 그냥 낡은 문인데?'

"으아, 배고파! 아무도 안 계세요?"

그냥 일원이가 손잡이를 열고 돌리자 문이 벌컥 열렸다. 멍하게 서 있는 야무진을 뒤로 하고 우리는 문 안으로 들어갔다.

문을 열고 들어가니 말도 안 되게 넓은 공간이 나타났다. 크기는 대략 일반 수영장 세 개를 합친 정도라고 할까? 사실 유령선 안이 이렇게 클 줄은 상상도 못했다. 더구나 유령선답지 않게 천정이 높고 바닥은 매우 깔끔했다. 탁자들과 책장이 있었는데 마치 중세 시대 도서관에 온 것 같았다. 초롱불이 일정한 간격으로 켜 있어서 어둡지도 않았다. 밖의 무시무시한 폭풍과 파도 소리는 신기하게도 전혀 들리지 않았다. 고요한 실내에는 어디서 흘러나오는지 모르겠지만 바이올린 소리와 피아노 소리가 은은하게 들렸다.

　"제법 따뜻하구나. 모두 여기서 젖은 몸을 말리고 조금 쉬었다 가도록 하자."

　피타고레 박사님이 젖은 머리를 아무렇게나 털며 말했다.

　"와우! 그보다 이 그림들 좀 봐."

　아름이의 말에 우리 모두는 주변을 빙 둘러보았다.

　"이건 전형적인 바로크 시대 미술인데?"

　"……"

'어느 시대 미술인지 따질 때가 아니잖아요?' 하고 투정 어린 목소리로 물어보고 싶었지만 박사님은 계속 주절주절 말했다.

"음, 바로크 시대는 힘을 상징하는 시대야. 뭐든지 튼튼하고 강한 것을 좋아했던 시대를 말하지. 이것 좀 봐. 이 튼튼한 물건들의 모양을 말이다. 참고로 여성의 아름다움과 섬세함을 강조한 시대는 로코코 시대라고 한단다. 그리고 이건…… 으악!"

박사님은 여기까지 말하다가 외마디 비명과 함께 정신을 잃으셨다. 우리는 우르르 달려갔고 벽 한쪽에 서 있는 동상을 보고 눈이 튀어나올 정도로 놀라서 외쳤다.

"꺄악!"

"으아아아악!"

그곳에는 이름 모를 중년의 여자와 망토를 두른 해골의 동상이 떡하니 서 있었다. 나는 아름이, 일원이와 함께 기절한 박사님을 업고 안으로 조심조심 발걸음을 옮겼다. 옆에 야무진과 알셈이 따라왔다.

이 안에서는 어떤 끔찍한 일이 기다리고 있을지 모르기 때문에 될 수 있으면 소리를 내지 말아야 했다. 하지만 일원이의 뱃속에서 탱크 굴러가는 소리가 계속 흘러나왔다.

꼬르륵

"일원아! 배 좀 어떻게 해 봐."

내 말을 들은 일원이는 본인도 억울했는지 툭 튀어나온 자기 배를 손으로 어루만지며 뭐라 뭐라 중얼거렸지만 무슨 말인지는 알아들을 수 없었다. 하긴 당장 무슨 방법이 있겠어. 허기를 채울 음식이 있는 것도 아니고 배에서 나는 소리를 막을 수도 없으니 말이다. 더구나 나도 배고픈데 먹성 좋은 일원이는 오죽할까 싶은 생각이 들었다.

"하긴 나도 배고프다."

하는 수 없이 일원이의 어깨에 손을 걸치고 위로해 주었다.

"나도."

아름이가 살포시 웃으며 말하자 알셈은 기다렸다는 듯이 한마디 톡 쏘아붙였다.

"인간들은 이해할 수 없어. 이 상황에서 배고프다며 징징대기나 하고! 나를 좀 닮아봐!"

'이 깡통 로봇아! 조용히 못하겠어?'라고 소리치고 싶었지만 이곳은 유령선 안이었다.

'유령선 안이라는 것을 다행이라고 생각해라. 이 깡통 로봇아!'

일단은 참으며 계속 안으로 걸어 들어갈 수밖에 없었다. 살금살금 도둑고양이처럼 걷는데 갑자기 일원이가 소리쳤다.

"우왓! 식당이다!"

"쉬이이잇!"

손가락을 입술에 가져다 대고 일원이를 타일렀다. 그리곤 일원이가 가리키는 곳으로 가까이 다가가서 올려다보았다. 식당이라고 적힌 문에는 배에 처음 들어왔을 때처럼 수학식들이 적혀 있었다.

'다음 문제에서 □ 안에 들어갈 수를 구하라.'

680 + 700 = 600 + □

문제를 자세히 살펴보던 아름이가 말했다.

"음…… 이건 680 + 780의 답이 600 + □와 같다는 건가?"

"맞아, 우선 680 + 700에서 일의 자리 숫자의 합은 0이 되고 십의 자리 숫자의 합은 8이 되고, 백의 자리 숫자의 합은 6 + 7 = 13이 되는데 1은 받아 올림되어 천의 자리 숫자가 되고 3은 백의 자리 숫자가 돼. 그러니까 680 + 700 = 1380이야."

"아, 그렇다면 600 + □ = 1380이라는 거군!"

아름이가 이해한다는 표정으로 손바닥을 탁 쳤다.

"맞았어. 600과 어떤 수를 더하면 1380이 되는 거니까 반대로 1380에서 600을 빼면 이 수를 알 수 있어."

"내, 내가 해볼게!"

잠자코 듣고 있던 야무진이 외쳤다. 야무진은 이글이글 불타는 눈으로 손가락을 쥐었다 폈다 하며 중얼중얼 말했다.

"1380에서 600을 빼면 되는 거지? 일의 자리 숫자끼리 빼면 0이 되고 십의 자리 숫자끼리 빼면 8이 돼. 이제 백의 자리 숫자를 봐. 3에서 6을 뺄 수 없으니까 받아내림을 하면 13 − 6 = 7이 되잖아? 그러니까 1380 − 600 = 780이야!"

680 + 700 = 600 + 780

답을 말하자 바로 벽의 문이 열렸다. 나는 안으로 향하며 아직도 손가락을 오므렸다 폈다 하고 있는 야무진의 어깨를 툭 쳤다. 그리고 박사님을 조심스럽게 내려놓고 열린 벽 안을 들여다보았다.

"우와!"

이번엔 일원이의 눈동자가 불타올랐다. 식은 죽 먹기라고 생각했더니 정말 식은 죽이 잔뜩 있었다. 식은 죽의 종류가 정말 다양했다. 식은 콩죽, 식은 콩나물죽, 식은 콩고기죽, 조금 덜 식은 콩볶음죽 등 콩이 들어간 다양한 죽들이 있었다. 아마도 미카엘은 유령선이 되기 직전에 콩을 먹지 못해서 무척 억울했었던 것 같다.

"빨리 먹자."

어느새 일어났는지 피타고레 박사님이 가장 먼저 그릇을 들고서 죽을 허겁지겁 삼켰다. 이어서 우리도 죽 그릇을 들고 입속에 들이부었다. 죽의 양이 많았기 때문에 배를 채우는 데는 전혀 문제가 되질 않았다. 이렇게 막 먹어도 되나 싶을 정도로 많이 먹었다. 왠지 불안했지만 말이다.

"와, 잘 먹었다."

거기까진 좋았다. 그런데 엉덩이에서 참을 수 없을 만큼 많은 방귀가 뿜어져 나오기 시작한 것이다. 아름이만 빼고 모두들 사방으로 방귀를 뿜어댔다. 아름이는 방귀 냄새 때문에 숨을 못 쉬겠다며 식당 뒤쪽으로 난 복도를 향해 달려갔다. 혼자 나간 아름이가 걱정이 된 나는 방귀를 계속 뿜어대며 아름이 뒤를 쫓았다. 이어서 다들 나와 마찬가지로 아름이의 뒤를 따라 우르르 달려갔다. 달리면서도 방귀가 멈추지 않아 어쩔 수 없이 알셈에게 부탁했다.

"너 혹시 공기 청정기 같은 기능은 없어?"

복도의 끝에 다다랐을 때 알셈이 갑자기 깜짝 놀라며 말했다.

"이봐! 꼴뚜기, 방귀보다 너 큰일이 생겼는데?"

"뭐?"

"내 음향 탐지기에 뭔가가 감지됐어!"

알셈이 대답하자마자 방귀 소리도 묻힐 정도로 큰 발자국 소리가 들려왔다.

쿵! 쿵! 쿵!

발자국 소리만 들었는데도 심장이 두근두근 뛰기 시작했다. 유령선에 살고 있던 괴물이 출현한 게 틀림없었다. 드디어 올 것이 오고야 말았다는 생각이 들었다.

아름이와 일원이, 야무진은 구석에서 부둥켜안고 덜덜 떨고 있었고, 알셈은 이 모습을 한심하다는 듯이 지켜보고 있었다. 피타고레 박사님은 어른스럽게 식탁 밑에서 오들오들 떨고 계셨다.

'유일한 어른이지만 참으로 의지가 되지 않는군.'

나도 정말 무서웠지만 한편으로는 궁금증이 일기도 했다. 이런 유령선에 있는 괴물은 어떤 모습일까? 떨리는 몸으로 천천히 뒤를 돌아보았다. 복도 끝에서 어마어마한 크기의 해골 모양 그림자가 보였다. 발자국 소리는 빠른 속도로 가까워지더니 이내 우리 앞에서 뚝 멈췄다.

'정말 무서운 게 왔나 보다!'

"너희들은 뭐냐?"

우렁찬 목소리에 질끈 감은 눈을 떴다.

"응?"

허탈한 한숨이 새어 나왔다. 엄청난 발자국 소리와 거대한 해골 모양의 그림자, 우렁찬 목소리, 이 모든 것이 우리를 공포에 떨게 했건만 막상 공포의 실체를 마주하자 완전히 속았다는 느낌이 들었다. 정체가 뭐냐고? 바로 강아지였다. 그것도 거짓말을 조금 보태서 주먹만 한 강아지였다. 주위를 둘러봐도 우렁찬 목소리의 주인공은 이 이상한 강아지가 틀림없는 것 같았다.

우습게도 강아지는 해골 가면을 쓰고 있었다. 발자국 소리가 유

난히 컸던 이유는 강아지의 발에 달린 특수한 장치 때문인 것 같았다. 강아지의 발에는 쇠붙이로 만들어진 나팔이 달려 있었다.

"너희들이 이번에 유령선에 새로 가입한 아이들이지?"

강아지가 말을 다 하네? 이제 이 정도는 놀랍지도 않다.

'가입?'

무슨 소리인가 싶어서 강아지에게 한마디 했다.

"개가 말을 하네? 넌 누군데 우리를 찾아온 거냐?"

"뭐? 너희를 찾아와? 어흥!"

조그만 강아지가 맞기는 한데, 갑자기 입을 쩍 벌리니까 완전히 다른 모습으로 변했다. 입만 커진 게 아니라 이빨과 혀까지 같이 커졌다.

"으아아악!"

박사님이 펄쩍 뛰면서 나를 아주 꽉 끌어안았다. 그 바람에 나는 더 깜짝 놀랐다. 돌변한 모습에 일원이와 야무진도 나처럼 적잖이 놀란 것 같았다.

"난 너희들을 찾으러 온 게 아니다. 건방진 녀석들아! 내 밥을 훔쳐 먹은 녀석들을 찾으러 다니다가 지쳐서 내 방으로 돌아가고 있던 중이라고!"

일단은 강아지의 흥분을 가라앉히는 게 우선인 것 같았다.

"강아지…… 아니 개 님, 제가 잘못했습니다. 노여움을 거두시옵소서."

"제법 눈치가 있는 아이구나."

강아지는 원래의 작은 강아지로 돌아갔다.

"그런데 방귀 냄새가 아주 고약한데? 뭘 먹은 거냐? 설마 내 밥을 먹은 건 아니겠지?"

강아지의 말에 우리들은 뜨끔했다. 설마 우리가 먹었던 콩죽이 저 강아지의 밥인가? 만일 저 말하는 개가 이 사실을 알게 된다면…… 생각만 해도 끔찍했다. 일단 어떻게든 방귀 뀌는 것을 막아야 했다. 그렇지 않으면 무시무시한 강아지의 먹이가 될지도 모른다.

눈과 손짓으로 친구들에게 방귀 엑스라는 표시를 했다. 친구들은 용케 알아들었다. 우리 모두는 뿜어져 나오려는 방귀를 틀어막았다. 우리의 얼굴색은 점점 변해 갔다. 특히 가장 많이 먹은 일원이의 얼굴은 샛노랗게 변해 있었다. 저 상태에서 만약 방귀를 뀌게 된다면 엉덩이가 폭발하며 그 추진력으로 공중에 뜰 지도 모르겠다는 엉뚱한 생각이 들었다.

'빨리 이 상황에서 벗어나야 해!'

"내 간식을 도둑맞아서 기분은 나쁘지만 일단 한숨 자러 가 볼까."

강아지가 가고 있는 곳은 바로 복도의 끝, 그러니까 벽이었다. 멀리서 보니 이 벽에도 뭔가 숫자들이 적혀 있는 것이 보였다.

"아, 역시……."

"그럼 어서 주무시러 들어가시지요. 개 님."

그러자 강아지는 버럭 말했다.

"이봐! 내 이름은 킹콩이라고!"

"아! 키, 킹콩님."

방귀를 참느라 말도 제대로 나오질 않았다. 강아지의 대답이 바로 돌아왔다.

"키, 킹콩이 아니라 킹콩이라고!"

"넵!"

우리는 한쪽 켠에 일렬로 서서 일동 차렷 자세를 취했지만, 방귀를 참느라 몸을 배배 꼬고 있었다. 알셈만 빼놓고 말이다. 하지만 킹콩은 알셈에겐 그다지 큰 관심을 보이지 않았고 우리들만 계속 노려보고 있었다. 우리는 이 킹콩인지 뭔지 하는 녀석이 어서 자러 들어가길 바랐다. 그래야 간신히 참고 있는 방귀를 뿜어낼 수 있을 테니까.

"어서 문 안 열고 뭐하나?"

"네?"

기대했던 것과는 달리 강아지는 직접 벽을 열려 하지 않았다.

'이건 아닌데?'

"어서 안 열고 뭐해!"

킹콩이 버럭 소리를 질렀다. 얼마나 크게 소리를 질렀는지 머리까지 울렸다.

"아, 알겠습니다."

"서둘러!"

쳇. 어쨌든 빨리 열어 주고 돌아가자고 생각했다. 벽에는 이렇게 적혀 있었다.

유령선에 적이 침입하는 것에 대비하기 위해서 파수꾼을 다섯 명 세우려고 한다. 유령선의 길이가 1000m일 때 한 명당 몇 미터를 지켜야 하는가?

수학 문제를 읽으니 눈앞이 캄캄해졌다. 문제가 지금까지와 달리 상당히 까다로웠기 때문이다. 솔직히 누가 이렇게 무시무시한 유령선을 침입하려고 하겠어? 우리도 어쩌다 보니 이곳까지 왔지 오고 싶어서 온 게 아니란 말이다. 하지만 이 문제를 풀지 못하면 방귀가 뿜어져 나올 것이다. 그렇게 되면 밥을 먹은 걸 들키게 되고 저 킹콩 강아지에게 잡아먹힐 것은 불 보듯 뻔했다.

'조, 좋아. 해보자. 내가 누구야? 수학왕 반올림이야!'

올림피아드 대회에 출전하기 위해 미리 공부하는 셈치고 문제를 풀기로 마음먹었다.

일단 1000미터를 다섯 명으로 지키려면 한 명이 어느 정도의 길이를 지켜야 하는지 알아야 했다. 한 사람이 지켜야 하는 거리를 □

미터라고 하면 □ + □ + □ + □ + □ = 1000이 된다.

만일 한 명당 100미터를 지킨다면 파수꾼 다섯 명이 지키는 거리는 100 + 100 + 100 + 100 + 100이 되고 한 명당 300미터를 지킨다면 파수꾼 다섯 명이 지키는 거리는 300 + 300 + 300 + 300 + 300이 된다. 한 명당 200미터를 지킨다면?

200 + 200 + 200 + 200 + 200 = 1000

나는 당당하게 말했다.

"1000m를 다섯 명이 지키려면 한 명이 200m씩 지키면 됩니다."

그 순간 드르륵 소리를 내며 벽이 마치 자동문처럼 옆으로 스윽 밀리며 열렸다.

문이 열리자 크게 입을 벌린 킹콩 강아지는 애교라고 생각될 정도로 무섭게 생긴 몬스터 수백 마리가 우글우글 모여 있었다.

"인간이다! 사람 냄새다! 이게 얼마 만이냐!"

우리는 깜짝 놀란 나머지 겨우 참던 방귀를 있는 대로 뀌어 버렸다. 거의 폭발에 가까웠다. 몬스터들은 코를 막고 어쩔 줄 몰라 했고, 우리도 우리의 방귀 냄새로 머리가 어질어질했다. 직격으로 방귀 공격을 맞은 킹콩과 몬스터들은 숨이 막히는지 콜록거렸고 몇몇은 정신까지 혼미한지 비틀거렸다.

"이때다! 도망가자!"

순간 다시 주변과 시간이 멈추었다.

"후후후, 어딜 도망가시려고?

미카엘의 소름끼치는 소리가 들리더니 아까처럼 또 시간이 멈췄고 퀘스트가 주어졌다.

"이번 문제를 맞히면 보상이 뭔가요?"

나도 모르게 미카엘에게 존댓말을 했다. 미카엘에게 잘 보이면 갑판 위에서처럼 내 해골 목걸이, 아름이의 팔찌, 일원이의 헤드셋에 어떤 능력을 더해 주지 않을까?

"이번 퀘스트의 보상은 편안함이다."

"편안함?"

무슨 말인지 몰라 어리둥절해하다가 일단 편해진다니까 문제를 풀기로 했다. 순간 이동이라도 시켜 주려나?

"1과 2와 3을 이용해 만들 수 있는 가장 큰 세 자리 수는 321, 가장

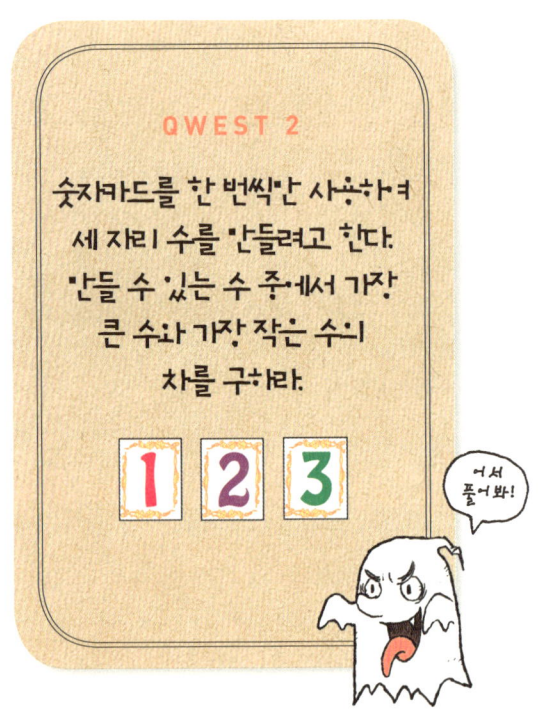

작은 세 자리 수는 123입니다. 그러니까 두 수의 차는 198입니다."

321 − 123 = 198

정답을 말하자마자 멈춰 있던 시간이 흐르기 시작했다. 그리고 어느새 다가온 거대한 박쥐가 나와 일원이, 야무진을 낚아챘다. 피타고레 박사님과 아름이와 알셈이는 다른 날개 달린 몬스터들에게 낚아채였다. 유령선 안은 생각보다도 훨씬 넓었다. 박쥐와 날개 달린 몬스터들은 우리를 붙잡고 빠르게 안쪽으로 들어갔다.

"어때? 직접 걸어 들어가지 않고 잡혀 들어가니 편하지? 순간 이동처럼 말이야. 하하하"

미카엘이 귓속말을 걸어왔다. 내 머릿속을 다 들여다보고 있었나? 퀘스트 문제 치고 쉽다고 안심했는데 얕잡아 보면 안 되겠어. 이제 우리는 어떻게 되는 거지? 덜컥 겁이 나서 눈을 질끈 감은 그때, 누군가의 목소리가 들렸다.

"해골 대왕! 당장 그들을 놔줘요! 여기는 수학 마법 학교지, 괴물들의 식당이 아닙니다!"

누가 말한 거지? 여전히 등을 잡힌 채 허공에서 버둥거리며 주변을 둘러보니 아주 인자한 모습의 할머니 한 명이 보였다.

해골 대왕이라고 불린 자는 우리를 끌고 온 여러 몬스터들 중 척 봐도 대장으로 보이는 몬스터였다.

"알겠습니다요! 숫자벨 여사!"

이윽고 우리는 몬스터들이 우글우글한 벽 안으로 끌려갔다.

> 멈춰요! 당장 그 아이들을 내려놓지 못하겠어요?

여러분, 동화 속에 녹아 있는 세 자리 수의 덧셈과 뺄셈에 대해서 알아볼까요?

1 세 자리 수의 덧셈에 대해서 알아보도록 하겠습니다.

$$\begin{array}{r}358\\+274\\\hline\end{array} \Rightarrow \begin{array}{r}{}^{1}\\358\\+274\\\hline 2\end{array} \Rightarrow \begin{array}{r}{}^{1}{}^{1}\\358\\+274\\\hline 32\end{array} \Rightarrow \begin{array}{r}{}^{1}{}^{1}\\358\\+274\\\hline 632\end{array}$$

① 일의 자리 계산: 8 + 4 = 12에서 1은 받아 올림하고 일의 자리에 2를 씁니다.

② 십의 자리 계산: 1 + 5 + 7 = 13에서 1은 받아 올림하고 십의 자리에 3을 씁니다.

③ 백의 자리 계산: 1 + 3 + 2 = 6이므로 백의 자리에 6을 씁니다.

2 세 자리 수의 뺄셈에 대해서 알아보도록 하겠습니다.

$$\begin{array}{r} 458 \\ -269 \\ \hline \end{array} \Rightarrow \begin{array}{r} 4\overset{4\ 10}{\cancel{5}}8 \\ -269 \\ \hline 9 \end{array} \Rightarrow \begin{array}{r} \overset{3\ 14\ 10}{\cancel{4}\cancel{5}8} \\ -269 \\ \hline 89 \end{array} \Rightarrow \begin{array}{r} \overset{3\ 14\ 10}{\cancel{4}\cancel{5}8} \\ -269 \\ \hline 189 \end{array}$$

① 일의 자리 계산: 8에서 9를 뺄 수 없으므로 십의 자리에서 받아 내림합니다. $10 + 8 - 9 = 9$

② 십의 자리 계산: 4에서 6을 뺄 수 없으므로 받아 내림을 하고, $14 - 6 = 8$을 십의 자리에 씁니다.

③ 백의 자리 계산: 3에서 2를 뺀 1을 백의 자리에 씁니다.

수학 추리 극장 2

　피타고레 박사는 지난 번 일을 끝으로 의뢰가 들어오지 않자 고민한 끝에 자신이 추리할 수 있을 만한 사건을 찾아줄 조수를 구하기로 했다.
　"거참 내가 생각해도 좋은 방법이다!"
　피타고레 박사는 여기저기 전단지를 붙이고 다녔다.
　"수학에 관련된 사건을 가져다줄 사람을 찾아요! 수학적 추리가 필요한 사건이라면 모두 해결합니다! 일거리를 찾아주시는 분께는 비용의 절반을 드리겠습니다."
　그로부터 일주일 뒤 드디어 구인 광고를 보고 찾아온 사람이 있었다. 바로 10살 먹은 소년이었다. 이름은 일원이라고 했다.
　"박사님! 구인 광고를 보고 찾아왔어요."
　"그래? 넌 너무 어린 것 같은데…… 일을 찾아올 수나 있겠니?"
　그러자 일원이는 자신에 차서 이렇게 말했다.
　"벌써 일을 가지고 왔는걸요? 제 친구가 만두를 삶으려 하고 있는데, 이 만두는 15분을 삶아야 맛있대요. 그런데 시계는 없고 7분짜리 모래시계와 11분짜리 모래시계만 있어서 15분을 잴 수가 없다고 했어요."
　피타고레 박사는 일원이의 얼굴을 멀뚱멀뚱 바라보며 말했다.
　"그래서?"
　"이 두 모래시계를 이용해 만두를 정확히 15분 동안 삶을 수 있게 해 준다면, 자기가 삶은 만두를 나눠 주겠다고 했어요."
　말을 다 듣고 군침을 삼키며 피타고레 박사는 말했다.
　"걱정마! 내게 맡겨!"

"우와! 정말요?"

피타고레 박사는 일원이와 함께 일원이 친구의 집으로 갔고, 박사의 말대로 정확히 15분을 삶은 만두를 맛있게 나눠 먹었다.

피타고레 박사는 어떤 방법으로 7분과 11분짜리 모래시계만 가지고 15분을 잴 수 있었을까?

풀이

먼저 7분짜리 모래시계와 11분짜리 모래시계를 동시에 뒤집는다. 7분 뒤 7분짜리 모래시계의 모래가 모두 내려오는 순간 만두를 삶기 시작한다. 이때 11분짜리 모래시계는 아직 4분이 더 남아있게 된다. 4분 뒤 11분짜리 모래시계의 모래가 모두 내려오는 순간 11분짜리 모래시계를 다시 뒤집는다. 그럼 11분이 더 지나게 되므로 4 + 11 = 15가 되어 정확히 15분을 잴 수 있다.

11 − 7 = 4이고 4 + 11 = 15이다.

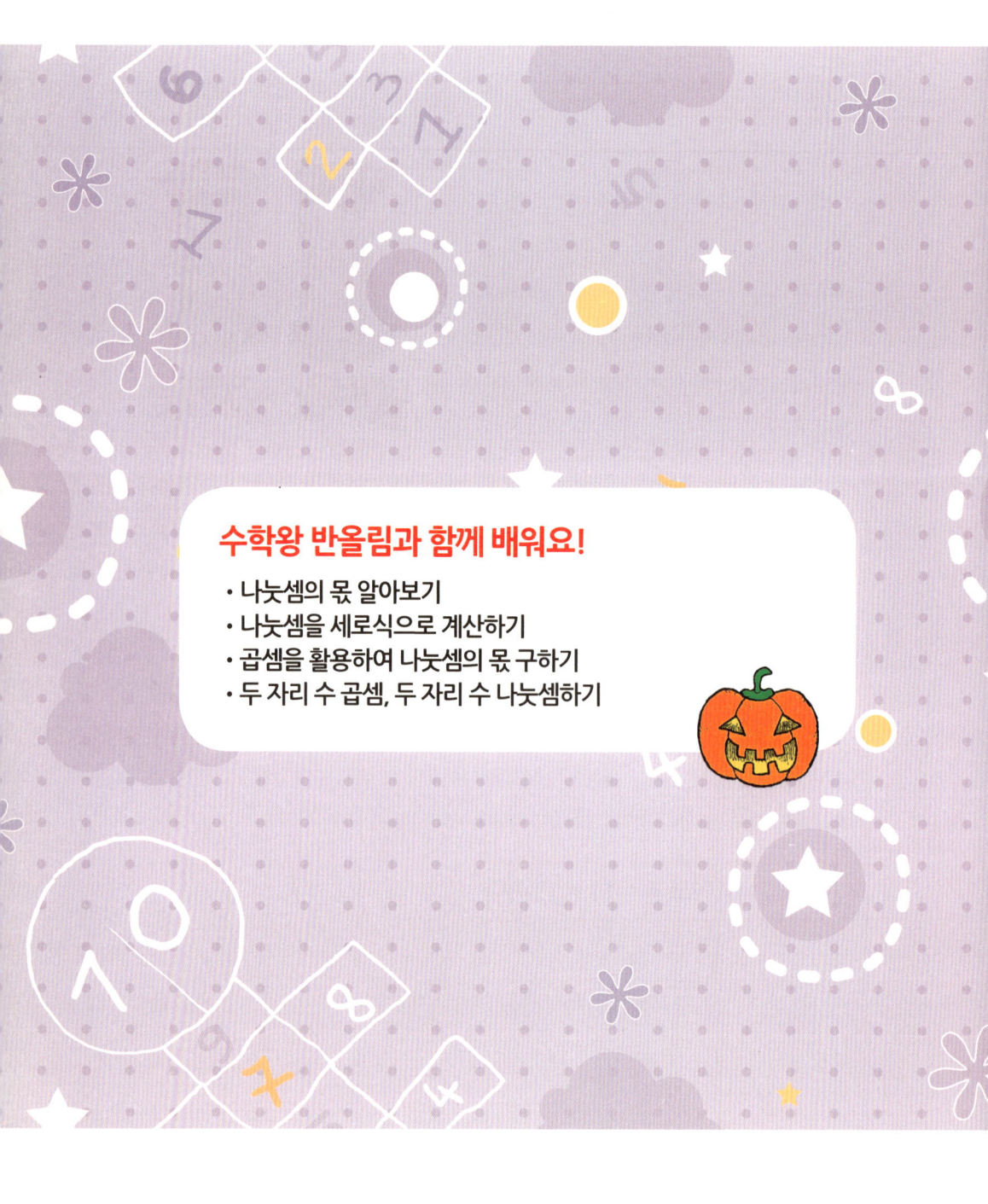

수학왕 반올림과 함께 배워요!

- 나눗셈의 몫 알아보기
- 나눗셈을 세로식으로 계산하기
- 곱셈을 활용하여 나눗셈의 몫 구하기
- 두 자리 수 곱셈, 두 자리 수 나눗셈하기

정완상 선생님의 **수학교실**

숫자벨 여사라고 불린 할머니는 우리가 안으로 붙들려 들어오는 모습을 보자 싱긋 웃으며 말했다.

"해골 대왕, 이제 됐으니 아이들과 어른을 내려놔요. 그 깡통 로봇도 내려놓고요."

우리는 숫자벨 여사가 깡통 로봇이라고 부른 알셈을 바라보았다. 알셈이 그 소리를 듣고 절대로 가만히 있을 리 없다고 생각했기 때문이다.

'자존심 강한 녀석이니 어떻게 대드나 기대해 봐도 되겠지?'

"헤헤헤. 저에게 관심을 가져 주시니 감사드립니다."

나의 예상은 보기 좋게 빗나갔다. 오히려 알셈은 숫자벨 여사에게 굽실거렸다.

'아니, 뭐 저런 녀석이 다 있지?!'

어처구니가 없었다. 만만한 내게는 꼴뚜기라며 온갖 모욕을 준 녀석이 무서운 상대 앞에서는 바로 꼬리를 내리다니! 얄미운 녀석. 과연 수학 로봇이라는 명성에 걸맞게 계산적인 녀석이었다. 아무튼 우리는 해골 대왕과 그 부하들에게 붙들린 채로 몬스터들의 한가운데에 던져지고 말았다.

내던져질 때 엉덩방아를 찧었는지 꼬리뼈가 아팠다. 나는 아픔도 잊고 주변을 둘러싼 몬스터를 슬쩍슬쩍 살폈다. 우리들보다 키가 큰 박사님은 어이쿠 소리를 내며 허리를 움켜쥐었다.

"이 녀석들아, 나이 많은 어른은 살살 다뤄야지!"

박사님이 말하자 해골 대왕이 비웃으며 물었다.

"몇 살이신데요?"

"자그마치 마흔 살이나 됐다고! 아이고, 허리야!"

박사님의 말을 들은 몬스터들은 자신들의 배를 힘껏 두드리며 소리쳤다.

"마흔 살이래. 아하하!"

해골 대왕은 웃음을 뚝 멈추더니 정색하며 이렇게 말했다.

"이 어린 녀석아! 여기서 제일 어린 킹콩 강아지가 400살이다."

우리는 놀라서 입이 쩍 벌어졌다. 그럼 여기 있는 해골 대왕과 숫자벨 여사는 도대체 몇 살일까? 피타고레 박사님은 기가 죽어 고개를 푹 숙이고 있었다.

"그럼 숫자벨 여사님은 몇 살이세요?"

나는 궁금한 게 있으면 절대로 참지 못하는 성격이었기 때문에 결국 질문을 하고 말았다.

"그건 나도 몰라."

몬스터들의 대장인 해골 대왕이라는 이 몬스터가 모를 정도면 숫자벨 여사는 이 몬스터들 중 가장 나이가 많을 것이다. 이런 저런 생각을 하고 있는데 해골 대왕이 크게 소리를 질렀다.

"숫자벨 여사! 이제 저희들의 전통을 시작해도 되겠습니까?"

'전통?'

우리 일행은 어리둥절한 표정으로 해골 대왕을 바라보았다.

"무슨 전통이요?"

내가 묻자 야무진이 끼어들며 알려 줬다.

"넌 그것도 몰라? 신고식 같은 거 아니겠어? 난 척 보고 눈치챘다고."

아름이도 고개를 끄덕였다.

"몬스터들의 신고식이라면 만만치 않을 텐데……. 또 수학 문제를 내는 게 아닐까?"

아름이 예상이 맞을 것 같다는 생각이 들었다. 왜냐하면 이 유령선은 지금까지 쉬지 않고 계속 수학 문제를 내고 있었기 때문이다. 숫자벨 여사는 흔쾌히 고개를 끄덕이더니 이렇게 말했다.

"좋아요. 어서 시작해 봐요. 기대되네요."

해골 대왕은 만족한 듯이 고개를 크게 끄덕이더니 우리를 바라보았다.

"우린 물통에 든 물을 마시는 걸로 새로운 손님을 받아들일지 말지를 결정하지. 그러니까 지금부터 물 마시기 대회를 개최하겠다!"

물 마시기 대회? 일단 야무진을 흘깃 쳐다보니 얼굴을 홱 돌리며 내 시선을 피했다. 그래도 나는 별로 걱정하지 않았다. 우리에겐 일원이가 있으니까. 오히려 한시름 덜었다고 해야 할까? 일원이는 먹는 것이라면 누구에게도 뒤지지 않는다.

"좋아요. 하지만 두 가지 조건이 있습니다."

"뭐죠?"

일단 숫자벨 여사에게 먼저 말하는 게 좋다고 생각했다. 처음부터 우리에게 호의적이어서 조금 더 친근감이 들었기 때문이다.

"숫자벨 여사님은 이 대회가 공평하게 진행될 거라고 약속해 주세요!"

역시나 숫자벨 여사는 내 생각대로 말해 주었다.

"좋아요. 그건 내가 약속하죠."

"감사합니다. 그럼 다음 조건을 말씀드리죠. 대표를 뽑아서 시합을 하는 거예요."

"대표라고? 오호, 좋아!"

해골 대왕은 흥미진진하다는 듯이 손으로 가슴을 쳤다. 몬스터들도 다 같이 호응하며 가슴을 따라 쳤다.

"너희 대표는 누구냐?"

나는 해골 대왕의 말을 듣자마자 일원이를 바라보았다. 일원이도 자신 있다는 표정이었다. 일원이가 앞으로 나서자 해골 대왕이 말했다.

"나는 수천 년 동안이나 바다에서 생활을 해 왔다. 그래서 소금기 없는 물의 소중함을 누구보다 잘 알아! 그러니 네가 만약에 이 소중한 물 마시기 대회에서 패배하면 각오해야 할 거다."

'애초에 그런 소중한 물을 마시는 걸로 신고식을 한다는 게 잘못된 것 아닌가?' 하는 생각이 들었지만, 시합은 바로 시작되었다.

조금 전 우리를 붙잡고 온 박쥐들이 낑낑대며 일원이가 마실 물통을 배달했다. 그때 숫자벨 여사가 말했다.

"단순한 물 마시기가 아닙니다. 여기는 숫자 빼고는 아무 의미가 없는 곳이니까요. 우선 물을 마실 대표자에게 묻겠습니다. 앞에 배달된 물통은 총 몇 개죠?"

'설마 일원이가 저 정도도 모르진 않겠지.'

일원이를 믿기로 했다. 역시나 일원이는 당당하게 말했다.

"두 통이요."

"그래요, 맞았어요. 여기! 인간들의 대표 앞으로 물 두 통씩 두 번 더 가져다줘요!"

'뭔가 좀 이상하게 돌아간다?'

물 마시기 대회라고 해서 무작정 일원이를 대표로 내세웠는데 왠지 아름이의 말처럼 수학 문제까지 곁들이는 것 같았다. 그렇게 되면 수학 성적 빵점인 일원이는……

"한 가지 더 요구 조건이 있습니다!"

2층 계단에 있던 숫자벨 여사는 나를 빤히 내려다보았다.

"이번엔 또 뭐죠?"

"제가 대표의 조수로 참석해도 될까요?"

숫자벨 여사는 빙그레 미소를 지었다.

"좋아요. 그럼 반올림 군이 조수가 되어 줘요."

어떻게 내 이름을 알았지? 놀라움이 채 가시기도 전에 박쥐들은 물통 두 통을 또 가져왔다. 이어서 또 두 통을 가져왔다. 숫자벨 여사는 다시 물었다.

"자, 총 몇 통이죠?"

숫자가 많아지자 일원이는 손가락으로 하나하나 물통을 가리키며 세고 있었다. 그걸 본 내가 즉시 대답했다. 두 통씩 세 번 가져다줬으니, $2 + 2 + 2 = 6$! 즉 2를 세 번 더하면 여섯 통인 셈이었다.

"여섯 통입니다."

"지금 덧셈을 한 거죠? 그걸 곱셈으로 바꾸면 어떻게 되죠?"

"2를 세 번 더한 것을 2×3이라고 합니다. 그러니까 $2 + 2 + 2$는 2×3이라고 쓸 수 있고, 정답은 6이 됩니다."

숫자벨 여사가 빙그레 웃으며 고개를 끄덕였다. 그때 해골 대왕이 말했다.

"겨우 여섯 통인가? 이봐! 두 통 더 가져와!"

그러자 박쥐들이 다시 물통을 두 통 더 가져왔다. 숫자벨 여사가 다시 물었다.

"이번에는 어떻게 되죠?"

"$2 + 2 + 2 + 2 = 8$이므로 답은 여덟 통이고, 곱셈으로 나타내면 2

를 네 번 더했으므로 2×4=8이 됩니다."

물통은 총 여덟 통이 되었다. 문제는 물통의 크기였다. 물통 하나는 1.5리터짜리 페트병만 한 크기였다. 그런 물통이 벌써 여덟 통이나 있다. 일원이가 먹는 것에 있어선 자격증도 딸 수 있는 친구라지만, 과연 이 물을 다 마실 수 있을까? 그러는 사이 해골 대왕은 여덟 개의 물통 중 첫 번째 물통을 열어 벌컥벌컥 마시기 시작했다.

'이대로는 안 되겠다.'

얼른 일원이의 귀에 대고 속삭였다.

"물을 마시는 척하면서 옆으로 조금씩 흘려."

일원이는 내 말대로 물통을 들고 물을 마시는 척하면서 옆으로 줄줄 흘렸다. 몬스터들의 야유가 쏟아지기 시작했다.

"반칙이다! 반칙이다!"

일원이는 다리를 덜덜 떨기 시작했다. 무시무시한 몬스터들이 화난 표정으로 야유를 퍼부으니 어찌 두렵지 않겠는가.

"걱정 마, 내가 알아서 할 테니까."

일원이는 덜덜 떨면서도 물 흘리는 것을 멈추지 않았다. 야무진과 아름이는 무슨 생각이냐며 옆에서 걱정스런 눈길로 바라보고 있었다. 그때 해골 대왕이 물 마시는 것을 멈추고 강력하게 항의했다.

"숫자벨 여사! 저 녀석들이 반칙을 하고 있습니다! 혼내 주십시오!"

"음, 내가 봐도 반칙이 분명한 것 같군요."

나는 기다리고 있었다는 듯이 말했다.

"숫자벨 여사님, 분명히 처음에 약속해 주셨죠?"

"무엇을 말인가요?"

숫자벨 여사는 무척 궁금하다는 표정으로 바라보았다.

"저희는 물을 마시기에 앞서 곱셈을 했는데 저 해골 대왕은 아무 문제도 풀지 않고 물을 마셨습니다. 애초에 불공평하게 시작한 승부인데, 물을 조금 흘렸다고 반칙이라니요?"

숫자벨 여사는 자신의 손을 짝 부딪치며 말했다.

"그건 반올림 군의 말이 맞네요."

숫자벨 여사의 말을 들은 해골 대왕은 씩씩거렸다.

"하지만 숫자벨 여사! 저희는 전통에 따라……"

"전통은 공평하게 진행하는 게 맞아요."

해골 대왕이 다시 말하기 전에 말을 막아야겠다는 생각으로 다시 말을 이었다.

"열두 통의 물을 세 통씩 묶으면 네 묶음이 됩니다. 이것을 나눗셈의 식으로 나타내면 어떻게 되는지 해골 대왕에게 물어봐 주세요."

"호호호, 좋아요. 해골 대왕은 오늘 강적을 만난 것 같군요. 어서 대답을 해 봐요."

해골 대왕은 씩씩거리며 답을 하지 못했다. 분명히 나눗셈의 식으로 나타내는 방법을 모르는 것 같았다. 다시 조건을 내걸었다.

"해골 대왕 대신 제가 나눗셈 식을 맞추면 일원이가 마셔야 할 물통 수를 줄여 주세요."

"좋아요."

해골 대왕은 화가 잔뜩 났는지 얼굴이 시뻘게졌다. 반면 친구들은 내 돌발 행동 때문인지 모두 얼굴이 파랗게 질려 있었다. 하지만 난 숫자벨 여사가 몬스터들을 다스리는 사람이라는 것을 눈치챘고, 숫자벨 여사의 말에 반항할 수 있는 몬스터는 없다고 믿었기 때문에 자신감에 차 있었다.

"야무진, 네 스마트 폰 좀 빌리자."

못마땅한 얼굴의 야무진에게서 스마트 폰을 거의 뺏다시피 한 뒤, 나는 스마트 폰에 있는 메모장을 열어 이렇게 썼다.

$12 \div 3 = 4$

"정답은 이것입니다. 자, 그럼 이것을 어떻게 읽을까요?"

이 식을 해골 대왕이 읽지도 못할 줄은 정말 몰랐다. 해골 대왕은 씩씩거렸지만 끝까지 대답을 하지 못했다. 숫자벨 여사가 무섭게 소리쳤다.

"내 밑에서 삼천 년 동안 수학을 배운 해골 대왕이 이런 간단한 문제도 못 맞춰요!"

해골 대왕은 고개를 숙이고 어쩔 줄 몰라 했다.

"다른 몬스터 친구들도 모두 반성해요!"

지금까지 왁자지껄하게 야유를 보내던 몬스터들의 목소리가 삽시간에 사라졌다. 난 몬스터들의 기죽은 모습을 보고 자신감이 더 커졌다.

'생긴 것만 무섭지 별것 아니잖아? 지금이 기회다! 빨리 답을 말해야지.'

"'12 나누기 3은 4와 같다'라고 읽죠."

"정답이에요. 인간 친구들의 물통을 절반으로 줄이도록 하겠어요."

숫자벨 여사의 결정을 듣고 신이 나서 계속 말했다.

"또 있어요!"

"잠깐!"

해골 대왕이 다시 무시무시한 목소리로 말했다. 순간 뜨끔하여 해골 대왕을 마주보았다.

"이번엔 내가 맞출 테다."

"……."

분명히 못 맞출게 뻔하다고 확신했다.

'나눗셈도 모르면서?'

"12 ÷ 3 = 4와 같은 것을 나눗셈이라고 하고, 여기서 4는 12를 3으로 나눈 몫이라고 한다!"

해골 대왕은 거기까지 말하고 의기양양하게 팔짱을 꼈다.

"우리를 우습게 보면 안 되지!"

몬스터들이라고 해서 무조건 머리가 나쁘다는 것은 착각이었다. 그래도 그냥 질 수만은 없었다.

"그럼 12와 3은 뭐라고 하죠?"

"……."

해골 대왕은 거기까지는 생각하지 못했는지 머리를 긁적였다. 머리털도 없어서 흰 뼛가루만 휘날렸다. 그리고 끝까지 대답을 하지 못했다.

"12는 '나눠지는 수', 3은 '나누는 수'라고 해요!"

그 뒤에는 의외로 빨리 신고식을 마칠 수 있었다. 두 문제를 맞힌 우리는 물통이 여덟 통에서 네 통으로, 다시 두 통으로 줄었다. 처음보다는 많이 줄긴 했지만 그것도 대단한 양이었다. 덕분에 일원이는 물을 다 마시자마자 화장실을 향해 LTE급 속도로 달려갔다.

이로써 우리는 몬스터들의 세계에 안전하게 발을 들여놓을 수 있었다. 우선 배 안에 있는 난로에 모인 우리는 옷을 말리며 지금의 상황에 대해 이야기했다.

"지금 내가 꿈을 꾸고 있는 것 아니지?"

박사님은 스스로 자신의 볼을 꼬집어 보았다.

"아얏! 현실이군."

"숫자벨 여사에게 가서 유령선에 대해 물어보는 게 좋을 것 같아요."

내 생각을 말하자 박사님은 좋다고 말했다. 숫자벨 여사에게 가려는 우리를 해골 대왕이 가로막고 섰다.

"무슨 수작을 부리려고 숫자벨 여사께 가려는 거지?"

"우리는 수작을 부리려는 게 아니에요. 그냥 유령선에 대해 묻고 싶어서 그래요."

해골 대왕은 기가 막힌다는 표정으로 한숨을 쉬었다.

"감히 유령선에 대한 비밀을 알려고 하다니, 어서 물러가라!"

그런 용기가 어디서 났는지 모르겠지만 나는 가만히 있지 않았다. 신고식에서 승리를 해서인지는 몰라도 해골 대왕에 맞서는 것이 두렵지 않았다. 그래서 다짜고짜 따지고 들었다.

"왜 물어보면 안 되는 거죠? 전 유령선의 진실을 알고 싶어요. 궁금한 것을 물어보는 것은 당연한 일이라고요."

그때 언제부터 보고 있었는지 뒤에 서 있던 숫자벨 여사가 말했다.

"올려 보내요. 우리에게 위험한 존재는 아니니."

"으……."

해골 대왕은 마지못해 우리를 위로 올려 보냈다.

숫자벨 여사를 따라 들어간 우리는 식탁에 자리를 잡고 앉았다. 식탁은 매우 허름했고 식탁 아래 바닥은 모두 나무로 되어 있었는데 많이 삭아 있었다. 우리의 무게를 이기지 못해 당장이라도 바닥이 꺼질 것 같아 불안했다.

탁자 위에는 숫자벨 여사가 마시던 잔과 주전자가 놓여 있었다. 금색 주전자는 방금 닦은 듯이 번쩍번쩍 빛이 났다. 숫자벨 여사는 천천히 일어나 잔들을 가져오더니 우리 앞에 놓고 차를 따라 주었다. 일원이는 차를 보자마자 얼굴이 노랗게 변하고 말았다. 물을 그렇게 많이 마셨으니 어쩌면 당연한 반응일지도 모르겠다.

모두 자리에 앉자 숫자벨 여사는 궁금한 것이 있으면 질문하라고 했다. 박사님이 먼저 나섰다.

"험험, 에…… 먼저 이 배는 몇 년도에 지어졌습니까?"

"음, 글쎄요. 정확히는 몰라도 아마 지구가 탄생하기 수십만 년 전에 만들어졌을 거예요."

그 소리를 듣고 다들 깜짝 놀랐다. 박사님은 더더욱 이해할 수 없

다는 얼굴이었다.

"말도 안 됩니다. 보기에는 범선이고 최소한 18세기에 지어진 것 같은데……."

"겉모습은 그렇긴 합니다만 정말로 수십만 년 전에 만들어진 배가 맞아요, 피타고레 박사님."

박사님은 물론 우리들까지 깜짝 놀랐다.

"어떻게 제 이름을 알고 계시죠?"

"이 유령선이 보통의 배라고 생각하나요? 저는 또 어떻고요. 저는 미카엘 님과 처음부터 함께였답니다."

박사님은 과학적으로도 수학적으로도 도무지 이해할 수 없다며 중얼거렸지만 그 사실을 증명해 낼 방법은 없었다. 박사님은 더 이상 묻지 않았다. 이제 내가 질문할 차례라고 생각했는데 야무진이 끼어들었다.

"그럼 이 배의 선장은 어디에 있죠?"

바로 내가 묻고 싶은 질문이었다.

"이 배의 선장은 이 배 자체예요."

"이 배 자체라고요?"

"지금은 너무 바빠서 전부 말해 줄 수 없지만 천천히 알게 될 겁니다."

숫자벨 여사가 말해 주진 않았지만 대충 감으로 알 수 있었다. 미카엘은 지금까지 우리와 대화하며 퀘스트까지 줬고, 그 보상으로 이상한 마법 능력까지 줬다. 하나의 생명체나 마찬가지란 점이 거짓말은 아닌 것 같았다. 이제 궁금한 것은 하나 남았다. 바로 숫자벨 여사의 정체였다.

"그럼 숫자벨 여사님의 정체를 알려 주실 순 없나요?"

"내 정체? 호호호."

숫자벨 여사는 유쾌하게 웃더니 자리에서 일어났다.

"그것도 나중에 알려 주도록 하겠어요. 그보다 여러분이 있는 이곳은 마법 학교랍니다. 여기서 지내면서 반드시 지켜야 하는 규칙이 하나 있어요."

숫자벨 여사의 말로는 이곳은 유령선 안의 마법 학교라고 했다. 우리가 지켜야 할 규칙은 아주 간단했다. 학교 밖으로 나

가지 말라는 조건이었다. 학교 밖으로 나가면 해골 대왕이 저주를 내릴 거라고 말했다.

"저주?"

저주란 말은 언제 들어도 기분 나쁘다. 역시나 말이 끝나기가 무섭게 갑자기 학교 아니, 유령선 전체가 흔들렸다.

"또 시작되었군."

"또 시작되다니요?"

"그런 게 있어요!"

숫자벨 여사의 얼굴은 조금 전의 인자한 모습은 온데간데없이 돌처럼 딱딱하게 굳어 있었다.

잠시 뒤 무슨 대포 터지는 듯한 소리가 들리더니 유령선 전체가 부서질 듯이 흔들렸다. 유령선의 선체가 무엇인가에 강하게 얻어맞았다는 느낌이 들었다. 우리들은 물론이고 거대한 몬스터들까지 모두 우당탕 넘어졌다. 언제 충격이 있었나 싶게 충격은 금세 멈췄다.

'그 큰 파도에도 끄떡없었던 유령선이 이렇게 흔들리다니, 대체 무슨 일이지?'

당황한 우리들과는 달리 숫자벨 여사와 몬스터들은 아무렇지 않다는 듯 다들 하던 일을 마저 했다. 충격의 이유가 궁금했지만 숫자벨 여사의 심각한 얼굴을 보니 더 이상 질문을 하지 않는 게 좋아 보였다.

숫자벨 여사의 지시를 받은 해골 대왕은 우리에게 머물 수 있는 숙소를 제공해 주었다. 넓은 방에는 우리 일행 수에 맞게 침대가 놓여 있었다. 혹시나 했지만 역시나 전등이나 컴퓨터는 일절 찾아볼 수 없었다. 침대마다 촛대와 촛불, 비단으로 된 이불이 있었고, 침대에 달린 커튼으로 침대 전체를 가릴 수도 있었다. 이 방은 수학 마법 학교의 기숙사인 모양이다.

"일단 쉴 수 있게 되어서 다행이다."

피타고레 박사님은 이렇게 말하고 침대에 팔다리를 큰대 자(大)로 벌리고 눕더니 10초도 안 되서 그대로 코를 골며 잠이 들었다. 일원이도 긴장이 풀렸는지 금세 잠들었다. 무척 피곤했었던 건 사실이었으니까. 나도 잘 준비를 하고 있는데, 아름이가 알셈을 바라보며 걱정스러운 얼굴로 말했다.

"알셈은 로봇인데 충전해야 되는 거 아냐?"

"맞다. 역시 박사님의 조카답게 누구와는 달리 똑똑하군."

나는 발끈하여 알셈에게 소리쳤다.

"그 누가 누구지?"

"당연히 너지, 꼴뚜기!"

"미안하지만 네가 그런 말을 할 때가 아닐 텐데. 여긴 전기란 게 아예 없다고! 완전히 구닥다리 유령선이니 말이야!"

"……."

알셈이 처음으로 대꾸를 못했다. 알셈도 전기가 없다는 소리에 할 말이 없었던 모양이다.

"나도 스마트 폰을 충전해야 돼. 해골 대왕에게 부탁해 봐야겠어."

야무진이 나섰다. 이 스마트 폰 중독 녀석. 아까부터 뭔가 초조해하는 것 같더라니 배터리가 다 된 모양이었다.

"해골 대왕이라고 별 수 있겠어? 수천 년 동안 수학을 배웠는데 아직도 잘 모른다잖아."

"그거야…… 해골이라 뇌가 없으니까 그렇겠지. 해골 대왕에게 말하면 숫자벨 여사가 나서서 도와줄지도 모르잖아?"

쳇. 시끄러운 알셈이 멈추게 생겼다고 좋아했는데……. 하지만 아무리 숫자벨 여사라도 전기를 만들어 낼 순 없을 것 같았다. 그 사이 야무진은 이미 해골 대왕을 찾으러 복도로 나갔다. 겁도 없이 말이다.

꽤 오랜 시간이 흘렀는데도 야무진이 돌아오지 않자 우리는 조금씩 걱정이 되기 시작했다. 찾으러 나가 봐야 하나? 그때 야무진과 함께 해골 대왕이 찾아왔다.

"번개가 필요하다고?"

"버, 번개요?"

갑자기 찾아와 다짜고짜 번개라니? 그때 야무진이 다가와 내게 귓속말을 했다.

"콘센트, 전기, 충전기 같은 말을 전혀 몰라서 그렇게 설명했어."

하긴 이런 유령선에서 수천 년을 살았으니 모르는 것도 무리는 아니었다.

"단 조건이 있다!"

"흐흐흐."

야무진이 웃었다. 왜 이 녀석이 좋아하는 거지?

"내가 앞서 나눗셈에서 패했다. 그래서 지금까지 열심히 수학을 공부해서 나눗셈에 관한 새로운 문제를 가져왔다."

아마도 야무진에게 어려운 수학 문제를 낸 뒤에, 야무진이 그 문제를 맞히면 번개를 주기로 한 것 같았다. 그럼 야무진과 둘이 승부를 보고 올 것이지, 왜 우리가 있는 방까지 왔담?

난 둘이 수학 대결을 하든 말든 침대에 누워 쉬려고 했다.
"어디 가나, 반올림! 네가 곱셈과 나눗셈을 세로로 풀어 봐라!"
"엉?"

왜 야무진이 아닌 내가 문제를 풀어야 하지? 어리둥절해서 벌떡 일어났다.

"왜요? 전 부탁 같은 거 안 했는데요?"
"나는 기억력이 좋지 못해. 그런 내가 너희들 중 유일하게 기억하는 사람이 너다. 내게 모욕을 준 반올림!"
"그렇다네? 잘 부탁해, 반올림."

야무진이 말했다. 이런 얄미운 녀석. 시간이 오래 걸린다 싶더니 해골 대왕에게 고자질을 하고 온 건가?

"만일 내가 낸 문제를 맞히지 못하면 너도 벌칙을 받게 될 거다! 핫핫핫!"

그렇군. 야무진 녀석, 해골 대왕이 나를 미워하는 걸 알고 마치 내가 번개를 필요로 하고 있다는 것처럼 말한 모양이다.

"힘내, 올림아. 어쨌든 알셈도 충전해야 하고, 스마트 폰도 충전해 두면 도움이 될 때가 있을 거야."

아름이의 말이 일리는 있었지만 왜 내가 야무진 대신에 문제를 풀어야 하는 거람. 해골 대왕은 애초에 내 동의는 필요 없었는지 곧바로 문제를 내었다.

해골 대왕이 낸 첫 번째 문제는 43×2의 답을 세로로 구하는 것이었다.

$$\begin{array}{r} 43 \\ \times 2 \\ \hline \end{array}$$

해골 대왕은 어디 한번 풀어 보라며 사자처럼 으르렁거렸다. 하지만 나는 수학왕 반올림이다. 만만한 상대가 아니란 말씀!

이 문제는 두 자리 수와 한 자리 수의 곱셈이었다. 이럴 경우 일단 3과 2를 곱하는 게 원칙이었다. 그럼 일의 자리 숫자는 6이 된다.

다음에는 4와 2를 곱한다. 그럼 십의 자리 숫자는 8. 십의 자리 숫자는 8이고 일의 자리 숫자는 6이니까 정답은 86이었다.

계산을 끝내고 해골 대왕을 바라봤다. 해골 대왕은 내가 답을 말하지 못할 것이라고 생각했는지 싱글벙글 웃고 있었다. 고소하다는 표정까지 지으면서 말이다.

"86이요!"

정답을 말하자 해골 대왕은 분한 나머지 이빨을 빠드득 갈았다. 말 그대로 뼈밖에 없는 몸이라 그런지 소리가 더욱 요란하게 울려 퍼졌다. 박사님은 이런 와중에도 잠만 잘 잤다.

"조, 좋다! 쉬, 쉽게 맞출 줄 알았다. 그럼 이 문제도 풀어 보거라!"

"좋아요!"

'어차피 공부하려고 했던 수학! 긍정적으로 풀어 보자!'

"단, 이 모래시계의 시간 안에 풀어야 한다!"

"네?!"

모래시계는 야무진의 스마트 폰보다도 작았다. 1분도 안 되어 보였다. 해골 대왕이 낸 문제는 13 ÷ 5의 나눗셈을 세로로 계산한 뒤 나온 답을 검산까지 하라는 것이었다.

"거, 검산?"

"수학 문제에서 식과 답이 맞는지 확인하는 방법이야."

어리둥절한 야무진에게 아름이가 설명해 줬다. 계산 후에 검산까지 하려면 시간이 더 걸리는데, 해골 대왕이 아주 작정을 하고 문제를 두 배로 늘린 셈이었다.

"자, 시작한다!"

"잠깐!"

일단 해골 대왕의 말을 막았다. 혹시나 대가가 있을지도 모르는데 무작정 덤벼들 순 없었다.

"그럴 일은 없겠지만 혹시 문제를 풀지 못하면 준다는 '벌칙'은 뭔가요?"

"넌 오늘 물구나무서기를 한 채로 잠을

자야 한다!"

거꾸로 서서 자라는 말이었다. 이게 말이 되느냐고! 난 사실 전기도 필요 없단 말이야! 야무진은 뒤에서 낄낄거리며 웃고 있었다. 이 얄미운 녀석. 내가 문제를 풀지 못해서 벌칙을 받는 한심한 모습을 아름이에게 보이게 할 생각인 것 같았다. 반면 아름이는 기대에 찬 눈망울을 반짝이며 나를 지켜보고 있었다. 아, 정말 난감하네!

"자, 시작이다!"

"자, 잠깐!"

해골 대왕은 얼굴이 시뻘게졌다.

"또 뭐야!"

"저 모래시계에 구멍이 난 게 틀림없어요!"

상식적으로 저 정도의 모래 양으로는 세로로 나눗셈을 하기에도 벅차다. 뭔가 대비책을 세워야 했다. 모래시계는 유리로 되어 있으니 실수로 놓친 척하면서 떨어뜨려 깨뜨릴 생각이었다.

"모래시계를 확인해야겠어요."

모래시계를 낚아챈 뒤 실수로, 아니 일부러 떨어뜨렸다. 그런데 이게 웬일인가? 모래시계는 떨어지긴 했지만 바닥에 닿지 않고 둥둥 떠 있었다.

'얼레, 이게 어떻게 된 거야?'

"이 배의 어떤 물건도 떨어지지 않는다."

해골 대왕의 말에 의하면 항상 거친 파도와 태풍을 만나기 때문에 모든 물건들은 유령선에 의해서 보호된다고 했다. 나의 꼼수가 통하지 않게 된 것이다.

"자, 시작!"

해골 대왕은 잽싸게 모래시계를 뒤집었고, 순식간에 모래시계의 모래가 모두 아래쪽으로 떨어졌다. 야무진이 씩 웃었다. 이 녀석, 내가 물구나무서기를 하게 됐다고 생각했겠지. 후후후, 천만의 말씀. 모래시계를 떨어뜨리는 척하는 동안 이미 계산과 검산까지 끝냈다.

'요건 몰랐겠지. 해골 대왕!'

"자, 답을 말해 보실까? 말하지 못한다면 각오해야 할 거다."

"물론이죠."

"먼저 나눗셈을 할 때는 13 속에 5가 얼마나 많이 들어갈 수 있는지를 생각하면 돼요. $5 + 5 = 10$이니까 5 두 개는 13 속에 들어갈 수 있어요. 하지만 $5 + 5 + 5 = 15$이고 15는 13보다 크니까 5 세 개는 13 속에 들어갈 수 없죠. 이럴 땐 13 왼쪽에 나누는 수인 5를 쓰고 13

위에는 2를 쓰면 돼요."

$$5 \overline{)13}^{2}$$

"그, 그다음엔?"

훗. 꽤나 당황한 듯 해골 대왕의 목소리가 떨리고 있었다. 설명을 이어 나갔다.

"그다음에는 5와 2를 곱한 수, 즉 5 × 2의 답인 10을 13 아래에 쓰면 됩니다. 그리고 밑줄을 쭉 긋고 그 밑에는 13에서 10을 뺀 수인 3을 쓰죠. 이때 맨 위에 있는 수인 2가 13을 5로 나눈 몫이고, 맨 아래에 있는 수인 3이 13을 5로 나눈 나머지가 됩니다."

$$\begin{array}{r} 2 \\ 5{\overline{\smash{\big)}\,13}} \\ \underline{10} \\ 3 \end{array}$$

"그, 그럼 검산은? 검산까지 하지 못하면 너의 패배다!"

"검산은 간단하죠. 나눗셈의 과정을 그대로 다시 나타냈을 때 13이 되는지 증명하면 되니까요. 나눠지는 수 13은 5에 2를 곱한 수 10과 나머지인 3을 더한 결과에요."

$$13 = 5 \times 2 + 3$$

"나, 나머지 수를 더하는 것까지 잊지 않다니……."

해골 대왕은 검산에서 나머지를 더해야 된다는 점을 내가 놓칠 줄 알았던 모양이군. 내가 이런 실수를 할 리가 없다. 이 반올림이 그 정도도 모르고 수학 올림피아드 대회에 진출하겠다는 마음을 먹었겠는가!

"역시 올림이는 대단해! 별명이 괜히 수학왕이 아니라니까?"

"뭘, 이 정도를 갖고, 엣헴."

아름이의 칭찬에 뿌듯했다. 야무진은 나와의 승부에서 진 해골 대왕보다도 더 분한 얼굴이었다. 후후. 감히 날 골탕 먹이려 하다니 쌤통이군. 아무튼 나의 명쾌한 답에 해골 대왕은 모래시계를 들여다보며 씩씩거렸다. 확실히 이길 것이라 생각했는데 꽤 억울했나 보다.

"오냐, 두고 보자. 야무진! 알셈을 데려와라!"

'뭐야 이건? 여기서 이름은 반올림밖에 모른다며! 그런데 야무진하고 알셈을 다 알고 있잖아?'

아무튼 해골 대왕을 따라간 알셈은 잠시 뒤에 완벽하게 충전된 모습으로 등장했다. 진짜 번개를 맞았는지 은색으로 예쁘게 칠해

져 있던 겉모습이 완전히 시커멓게 변해서 왔다. 하지만 녀석은 다시 힘을 차렸는지 고개를 360도로 빙글빙글 돌렸다. 기분이 좋아진 알셈은 자신의 몸에 야무진의 스마트 폰을 충전할 수 있게 해 주었다.

알셈의 충전이나 스마트 폰의 충전이나 나는 절박하지 않았지만 어쨌든 아름이 앞에서 한심한 모습을 보이지 않고 오히려 모래시계의 손톱만큼도 안 되는 시간 동안 계산을 해 보였다는 것으로 만족해야 했다.

다들 침대에 눕자마자 피곤했는지 곯아떨어졌다. 너무 깊이 잠이 든 탓에 꿈도 꾸지 않았다. 얼마나 잠이 들었을까, 갑자기 들린 비명에 우리는 깜짝 놀라 벌떡 일어났다. 분명히 일원이의 목소리였다.

"일원아? 무슨 일이야?"

일원이의 모습이 보이지 않았다. 걱정이 된 나는 일원이를 찾으러 달려 나가려고 이불을 젖혔다. 그런데 갑자기 또 시간이 멈추었다!

"퀘스트를 주겠다. 풀 준비는 되었나?"

화가 나려고 했다. 친구의 비명을 듣고 뛰쳐나가는 상황에서 미

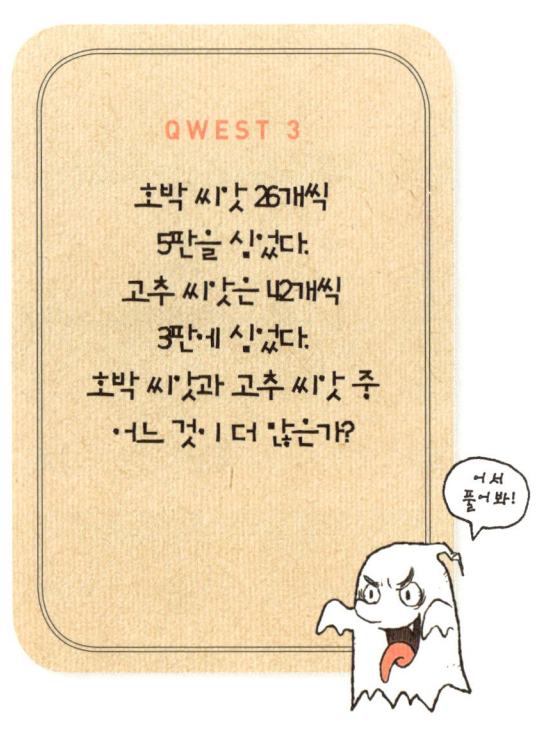

선이라니?

"미카엘 아저씨! 지금 문제나 풀 상황이 아니잖아요!"

흥분한 나머지 나도 모르게 소리를 지르고 말았다.

"아, 아저씨? 건방지게 감히 나에게 대들다니! 이번엔 답을 맞혀도 보상 대신 벌칙이다! 만일 틀릴 경우엔 네 친구를 두 번 다시 못 보게 될 줄 알아!"

'윽, 조금만 참을 걸.'

어차피 맞혀도 벌칙이지만 일원이가 걱정되어 울며 겨자 먹기로 문제를 풀기 시작했다.

호박 씨앗 26개가 5판이면 26 × 5 = 130! 즉 130개의 씨앗이 있는 것이고, 고추 씨앗 42개가 3판이면 42 × 3 = 126이므로 고추 씨앗은 126개이다. 그러므로 큰 수(호박 씨앗)에서 작은 수(고추 씨앗)를 빼면 최종 정답이다. 호박 씨앗이 고추 씨앗보다 4개 더 많았다.

호박 씨앗
26 + 26 + 26 + 26 + 26 = 26 × 5 = 130
고추 씨앗
42 + 42 + 42 = 42 × 3 = 126
130 − 126 = 4

지난 번 퀘스트와 마찬가지로 여기까지 생각하니 다시 시간이 돌아가기 시작했다. 나는 지체하지 않고 비명이 난 곳을 향해 달렸다. 모두들 잠에서 깨어나 침대에서 뛰쳐나오고 있었다. 우리 모두는 일원이의 비명이 들려온 쪽을 향해 뛰었다. 그리고 일원이가 있는 곳에 도착한 우리는 차마 눈 뜨고 볼 수 없는 장면을 보고 말았다.

〈하권에 계속〉

여러분, 분수 속에
녹아 있는 곱셈과 나눗셈에 대해서
더욱 자세히 알아볼까요?

1 곱셈에 대해 알아봅시다.

곱셈은 똑같은 수를 여러 번 더하는 것을 말해요. 예를 들면 다음과 같지요.

2 + 2 + 2 = 2 × 3
2 + 2 + 2 + 2 = 2 × 4
2 + 2 + 2 + 2 + 2 = 2 × 5

받아 올림이 없는
(두 자리 수) × (한 자리 수)

```
    4 3
  ×   2
  ─────
    8 6
```
4×2=8   3×2=6

십의 자리에서 받아 올림이 있는
(두 자리 수) × (한 자리 수)

```
    3 2
  ×   4
  ─────
  1 2 8
```
3×4=12   2×4=8

일의 자리에서 받아 올림이 있는
(두 자리 수) × (한 자리 수)

```
    1
    2 6
  ×   3
  ─────
    7 8
```
2×3+1=7   6×3=18

(두 자리 수) × (몇 십)

```
    8 1
  × 3 0
  ─────
  2 4 3 0
```
8×3=24   1×3=3

3 나눗셈에 대해 알아봅시다.

12개의 공이 있다고 했을 때 이것을 3개씩 묶으면 4묶음이 되지요.

이것을 식으로 12 ÷ 3 = 4라고 쓰고 '12 나누기 3은 4와 같다.'라고 읽어요. 여기서 '÷'를 나눗셈 기호라고 하고 12 ÷ 3 = 4와 같이 나눗셈 기호를 사용한 식을 나눗셈 식이라고 하지요. 또한 4를 '12를 3으로 나눈 몫'이라고 불러요. 그리고 3을 '나누는 수', 12를 '나눠지는 수'라고 하지요.

$$3 \overline{\smash{)}\,24}^{\,8}$$

나눗셈의 몫을 구할 때는 곱셈구구를 이용하면 돼요. 예를 들어 24 ÷ 3의 몫을 □라고 하면 24 ÷ 3 = □가 되므로 3 × □ = 24가 되는 □를 곱셈구구를 이용하여 찾으면 돼요. 3 × 8 = 24이므로 □에 알맞은 수는 8이지요? 그러므로 24 ÷ 3의 몫은 8이 됩니다.

나머지가 있는 나눗셈

$$5 \overline{\smash{)}\,\begin{array}{r}2\\13\\10\\\hline 3\end{array}}$$

나누는 수 5와 몫 2를 곱하면 10이죠? 그 수를 13 아래에 쓰고 13에서 10을 뺀 수를 씁니다. 이때 맨 위에 있는 수 2가 몫이고, 맨 아래에 있는 수 3이 나머지입니다. 이것을 나눗셈 식으로 쓰면 13 ÷ 5 = 2 … 3가 됩니다.

이때 나눗셈이 옳게 되었는지를 알아보는 식을 나눗셈의 검산이라고 합니다. 나눗셈의 검산은 나누어지는 수가 나누는 수와 몫의 곱에 나머지를 더한 수와 같은지를 알아보면 됩니다. 이 경우 13 = 5 × 2 + 3이므로 나눗셈은 옳게 계산된 것이지요.

(나누어지는 수) ÷ (나누는 수) = (몫) ⋯ (나머지)

[검산]
(나누는 수) × (몫) + (나머지) = (나누어지는 수)

$$3\overline{\smash{)}15}\atop{\underline{15}}\atop{0}$$

나머지가 없는 나눗셈

이번에는 15 ÷ 3을 계산해 보죠. 몫이 5이고 나머지가 0이지요? 이렇게 나머지가 0일 때 '15는 3으로 나누어떨어진다.'라고 말해요. 이것을 나눗셈 식으로 쓰면 15 ÷ 3 = 5 ⋯ 0 또는 15 ÷ 3 = 5가 됩니다.

수학 추리 극장 3

피타고레 박사는 사무실 책상 밑에 숨은 다음 일원이에게 말했다.

"건물 주인이 나를 찾으면 요즘 계속 안 보인다고 말하거라. 난 책상 밑에 숨어 있을 테니까."

사실 오늘은 탐정 사무소의 건물 주인이 찾아오겠다고 연락이 온 날이었다. 밀린 월세가 자그마치 다섯 달치였다. 이윽고 주인이 나타났다. 주인은 일원이에게 물었다.

"피타고레 박사 못 봤니?"

박사는 책상 밑에서 두려움에 부들부들 떨었다.
"요즘 계속 안 보인다고 말하라며 책상 밑으로 가셨어요."
일원이는 망설이지 않고 대답했다.
'저, 저 멍청한 녀석이!'
"박사, 당장 따라와요!"
"네?"
박사는 깜짝 놀라서 소리쳤다.
"지금 사건 의뢰를 하러 온 거란 말이오! 그것만 해결해 주면 밀린 월세를 모두 없애 주겠소!"

건물 주인의 말에 귀가 솔깃해진 박사는 강아지처럼 뒤를 졸졸 따라갔고, 일원이는 당당하게 따라왔다. 그리고 도착한 곳에는 건물 주인의 가족과 친척들이 모두 모여 있었고, 금고와 함께 종이 한 장이 놓여 있었다.

건물 주인의 말에 의하면 자신의 아버님이 하늘나라로 떠나기 전 남긴 유언장에 금고 안의 있는 보석을 나눠 가지라고 쓰여 있었단다. 금고 안의 보석에 비하면 밀린 월세는 아무것도 아니란다. 문제는 금고의 비밀번호였다.

유언장 안에는 비밀번호의 힌트가 있었는데, 아무도 그것을 풀지 못해 금고를 열지 못하고 있는 상황이었다.

"음. 어디 보겠습니다."

피타고레 박사는 비장한 표정으로 유언장에 적힌 비밀번호의 힌트를 읽었다.

♣♥ × ♥ = 261일 때 비밀번호는 ♣♥♣♥다.

피타고레 박사는 천재적인 수학적 감각으로 바로 답을 말했다.
"답은 2929번입니다!"
모두들 놀라서 박사를 쳐다보았다. 건물 주인은 긴가민가하며 2929를 입력했다. 금고는 덜컥 열렸고, 그의 가족과 친척들은 서로 얼싸안고 웃고 떠들었다.
그래서 피타고레 박사의 월세가 모두 해결되었느냐고? 천만의 말씀, 그냥 그대로 남게 되었다. 금고 안에는 보석 대신 가족끼리 제발 싸우지 말고 힘을 합쳐 살아야 한다는 내용의 편지 한 장만 덩그러니 있었다.
피타고레 박사는 어떻게 힌트에서 정답인 2929를 알아냈을까?

- -

풀이

위쪽의 두 자리 수 ♥와 아래쪽의 한 자리 수 ♥는 같은 숫자이므로, 구구단에서 같은 숫자의 곱셈을 찾아본다.

1×1=1   6×6=36
2×2=4   7×7=49
3×3=9   8×8=64
4×4=16 9×9=81
5×5=25

```
    2 9
  ┌─────
9 ) 2 6 1
    1 8
    ───
      8 1
      8 1
      ───
        0
```

정답인 261에서 일의 자리 숫자는 1이다. 같은 수의 곱셈에서 일의 자리수가 1이 나오는 곱셈은 1 × 1 = 1과 9 × 9 = 81인데 ♥가 1이 되면 ♣에 어떤 숫자가 와도 261이 나올 수 없으므로 ♥는 9라고 할 수 있다.

여기까지 풀면, ♣9 × 9 = 261이라는 것을 알 수 있다. 나눗셈의 검산을 응용해서, 261을 9로 나누면 두 자리 수가 무엇인지 알 수 있다.

답은 29이므로 ♣ = 2 ♥ = 9다. 비밀번호는 ♣♥♣♥라는 네 자리 수이다.

비밀번호는 2929다.